어머니와의 20년 소풍

어머니와의 20년 소풍

초판 1쇄 발행 2024년 8월 20일
초판 2쇄 발행 2024년 8월 30일

지은이 황교진

펴낸이 양현덕
펴낸 곳 ㈜디멘시아북스
기획·편집 양정덕
디자인 김진희　　　일러스트 김수진

등록번호 제2020-000082호
주소 (16943) 경기도 수지구 광교중앙로 294 엘리치안빌딩 305호
전화 031-216-8720　　팩스 031-216-8721
홈페이지 www.dementiabooks.co.kr　　이메일 dementiabooks@naver.com

ISBN 979-11-985769-9-6　03810
ⓒ 황교진 2024 Printed in Korea

- 책값은 뒤표지에 있습니다.
- 잘못된 책은 구입하신 곳에서 바꾸어 드립니다.
- 이 책은 저작권법에 따라 보호받는 저작물이므로 내용의 일부 또는 전부를 이용하려면 반드시 저작권자와 ㈜디멘시아북스의 동의를 받아야 합니다.

"이 도서는 2024 경기도 우수출판물 제작지원 선정작입니다."

숨도 쉬기 힘든 가족의 곁에서
더 나은 세상과 위로를 간구하며

어머니와의 20년 소풍

황교진 지음

추천의 글

병원에 입원해 본 적이 없는 나는 사람들이 겪는 질병의 어려움을 깊이 공감하지 못한다. 어쩌다 몸살 감기에 걸렸을 때나 치과 의자에 누워 입을 벌리고 드릴을 받아들여야 할 때에 내 몸의 연약함을 잠시 생각하는 정도이니 그 공감의 영역은 거의 상상의 영역일 수밖에 없다. 황교진 작가를 볼 때마다 떠오르는 생각은 '우리가 감당할 수 있는 슬픔의 한계는 어디까지일까?'였다. 그가 걸어온 발자취는 인생을 걸고 맞닥뜨린 상상할 수 없는 수준의 생채기로 가득하다. 한 사람의 삶에 있었던 일이라고는 믿기 힘들 정도의 상처들이다. 어떻게 그 시간을 다 견뎠을까? 역설적으로 그래서 작가에겐 남들이 다 스쳐 지나가고 마는 소소한 것들을 섬세하게 들여다보고 살피는 따뜻한 마음이 있다. 또한 남들은 다 포기하고 말았을 일들에도 집요하고 고집스럽게 매달리는 치열함이 있다.

어느 순간부터 그를 볼 때마다 '상처 입은 치유자'란 표현이 떠오른다. 상처의 흔적은 또한 치유의 흔적이기에 그의 상처 자국은 누군가의 상처를 위로하며 싸매는 백신이 된다. 이 책은 거친 세상 한복판에서 외로움과 고통의 한계를 끌어안고 신음하는 이들을 향한 따듯한 백신이 될 것이다.

김명식 전 컨티넨탈싱어즈 대표·〈영원한 사귐〉 등 9장의 정규음반 발표

이 책은 단순히 간호에 관한 이야기가 아니다. 사랑과 사랑의 힘에 관한 이야기다. 20년 동안 식물 상태에 머물러 계신 어머니를 돌보면서 겪은 어려움과 고통, 기쁨을 통해 사랑의 가치를 깨닫는 과정은 현실적이면서도 따뜻하고 감동적이다.

현실의 벽에 부딪혀도 포기하지 않고 자신의 자리에서 사랑과 책임을 다하는 저자의 용기는 비슷한 상황을 겪고 있는 사람들뿐 아니라 현재의 삶이 버거운 모든 사람에게 큰 위로와 힘이 될 것이다. 이 책을 읽으면서 느끼는 감동과 사랑의 온기를 함께 나눌 수 있기를 바란다.

김영롱 '롱롱TV' 유튜버, "94세 치매 할머니와 손녀의 따뜻한 일상"

황교진 작가님이 어머니 치료 때문에 저를 찾아온 일도 어느덧 오래 전 이야기가 되었습니다. 저도 신을 믿지만, 한창 여러 활동을 해야 할 동생 같은 분이 몇 년째 어머니를 간병한다는 이야기를 들었을 때 대뜸 든 생각은 "어머니의 진료는 대한민국 의료시스템의 저 같은 평균적인 의사에게 맡기고 젊고 유능한 당신은 좀 자유로웠으면 좋겠다"였습니다. 신앙이 같은 사람이니까 이런 조심스러운 조언을 드릴 수 있다고 생각했습니다. 감히 어머님의 심정을 헤아려 본다면 저와 같은 입장이었을 것이기 때문입니다. 그러한 인생의 의미를 찾도록 도와주는 일도 어려운 질병에 처한 환자를 돌보는 의사의 일입니다.

그러나 그 후, 장남의 사랑과 정성에도 불구하고 전혀 낫지 않는 어머니를 돌보는 일에 집중하며 일상을 살아가는 이야기를 들었을 때 저는 그냥 '아는 형'으로서 매우 안쓰러웠습니다. 그 또한 한 가정의 가장이자 사회구성원인데 이런 부당하게 힘든 인생을 헤쳐 가야 한다니! 본인도 몹시 아프고 힘들 텐데…. 자주 만나 사정을 상세히 알 수 있던 것은 아니지만 종종 서로의 살아가는 이야기를 나누면서 우리는 모두 나이를 먹어갔습니다.

어느 날 그가 치매 관련 미디어 활동을 시작했다는 이야기를 들었을 때, 무척 반가웠습니다. 그가 신앙과 관련된 활동을 한다며 건네주던 그 어떤 명함보다도 멋있어 보였습니다. 종교적 신념이 지향해야 할 바른 일이라고 생각했습니다. 대한민국에서 황 작가님만큼 진한 경험을 한 돌봄 전문가는 없을 테니까요. 삶의 힘든 무게를 이겨내며 살아가던 그가 가족의 만성적인 질병의 고통을 견디며 하루하루 보내는 분들을 위한 일을 하게 되었습니다. 황교진 편집국장님의 앞길을 응원하며 이 책의 출간을 축하드립니다.

김태형 감염내과 의사·교수, 순천향대학교 서울병원

황교진 작가님에게 추천사 부탁을 받은 날, 원고를 읽다가 문득 '울트라교진' 홈페이지에 들어가 보고 싶어졌습니다. 얼마 전 복

구했다는 소식을 들었거든요. 추억에 젖어 글들을 읽다가 2007년 8월 9일 제가 방명록에 쓴 글에 작가님이 답해 준 글을 보게 되었습니다. "주어진 형편에 늘 감사하며 충분히 누리는 삶 되길 바라." 이 짧은 문장에 작가님의 삶의 태도가 담겨 있다고 생각합니다.

가까운 곁에서 작가님과 교제 나누는 복을 누리는 동안 주어진 상황에 감사하는 모습을 보았습니다. 갑작스러운 어머니의 뇌출혈과 이후 이어진 20년의 돌봄 기간에 마주하는 온갖 어려운 일 앞에서 불평과 불안을 이기는 모습이 참 대단했습니다. 식물인간 상태의 어머니에게 말을 걸며 깨끗하게 몸을 씻겨드리고, 구석구석 편하게 해드리는 일들이 힘에 부칠 때가 많을 텐데 늘 어머니 손을 잡고 기도하며 고통에서 이길 힘을 구하는 모습에 제가 현재의 삶을 충분히 누려야 할 위로를 얻었습니다.

긴 병에도 효자가 있다는 희망을 보여 준 작가님에게 감사합니다. 어떤 형편에든 자족할 수 있는 소망을 알려 준 작가님에게 고마움을 전합니다. 예상하지 못한 일들을 만나게 되더라도 충분히 누릴 수 있다는 것을 가르쳐 준 작가님의 글에서 살아 숨 쉬는 것이 얼마나 감사한 일인지, 사랑할 수 있는 시간이 얼마나 기적 같은 순간인지, 어떤 상황이든 관계 맺을 수 있는 누군가가 존재한다는 것이 얼마나 놀라운 선물인지 생각해 보게 됩니다. 이 귀한 글이 많은 분께 닿았으면 좋겠습니다.

박송아 아신대학교 다문화교육복지대학원 초빙교수·그라겜연구소 대표,
《열 번쯤은 만나야 틈이 생깁니다》 공저자

어머니를 놓친 저에게 이 세상은 엄마로 가득합니다. 그래서 엄마 손 꼬옥 쥔 채 소풍 떠난 '한' 아들의 이야기가 귀하디귀합니다. 어머니 곁을 오래 지키며 적어 온 소망과 믿음의 글을 살펴 읽고, 아픈 엄마 돌보며 굳게 지녀온 그 갸륵한 마음을 헤아리노라면 참 애틋하고 부끄러우면서도 기쁩니다.

어머니의 고통을 덜어드리려고 그리도 애태우며 기도해 온 아

들은 이제 어머니가 오른 하늘로부터 언제든 부름 받아도 좋고, 이 땅에서 얼마간 더 사랑하며 살다가 어머니께 가도 좋다고 말합니다. 어머니를 보살피기 위해 끝까지 성심으로 행한 그 아들로 인하여 저는 삶에 새 힘을 얻고, 어려움을 이겨낼 지혜와 용기도 새로이 얻습니다. 여러분께 이 책을 기꺼이 추천할 수 있어 행복합니다.

양인덕 디멘시아뉴스 발행인

이 책을 읽으며 20여 년 전 랜선 이웃으로 처음 황교진 오빠를 알게 된 그때가 떠올랐습니다. 스스로의 생존을 위해 오늘을 견디던 내게 오빠는 자신뿐 아니라 엄마의 오늘까지 책임지며 살아내는, 그야말로 울트라맨이었습니다. 오빠를 생각하면 '인내'라는 단어와 함께 '묵묵히', '넉넉히'라는 수식어가 함께 떠오릅니다. 20년간 엄마의 호흡을 감당해야 했던 오빠가 자신을 버리고, 없는 힘을 쥐어짜며 살아온 시간이 이 책에 담겨 있습니다. 그리고 그의 문장 곳곳에 묵묵히 견뎌내고 넉넉히 인내하는 오빠 삶의 지혜가 선물처럼 들어 있습니다.

《어머니와의 20년 소풍》은 황교진 오빠를 더 많은 아픈 이들을 품는 세상으로 이끌었습니다. 오빠가 어머니 간호 4년 차에 누군가 "대학을 한 번 더 다닌 거네요"라고 말했던 것처럼, 지난 20년간 오빠는 사랑학과 학부를 잘 졸업하고 '오래 참음'을 전공으로 석박사 학위를 받고, 타인인 이웃의 이야기를 묵묵히 들어주며, 넉넉히 세우는 일들을 하고 있습니다. 사랑이 무엇인지 인내가 무엇인지 궁금해하는 분들께, 오빠의 지난 시간을 보아온 증인으로서 이 책을 기쁘고 자랑스러운 마음으로 추천합니다.

이지선 이화여대 사회복지학과 교수,
《지선아 사랑해》·《꽤 괜찮은 해피엔딩》 저자, '이지선의 이지고잉' 유튜버

시작하는 글

건축공학을 전공하고 대학을 졸업할 무렵, 동대문 광장시장에서 일하시던 어머니가 갑자기 뇌출혈로 쓰러지신 뒤 중환자가 됐다. 7개월 동안 두 곳의 대학병원에서 치료했지만, 의학적으로 가망이 없다는 판정을 받고 퇴원해 집에서 어머니를 간호하며 청춘의 찬란한 빛깔을 누릴 수 없는 영케어러Young Carer로 살았다. 건축구조대학원에 입학해 두었지만 휴학 후 자퇴했고, 어머니 곁에서 의사, 간호사, 물리치료사, '엄마'의 역할로 매일 24시간 쉬지 않고 생명을 지키는 일로 오랜 인고의 시간을 보냈다. 8년간 재택 간병하는 일상을 기록한 책 《어머니는 소풍 중》(김영사)을 쓴 뒤 어머니를 간호하는 시간이 20년을 꽉 채울 줄 몰랐다.

　어머니와 사랑을 나눈 일상을 기록한 덕분에 에세이 작가, 카피라이터, 책 만드는 편집자로 활동해 왔다. 어머니를 간호하는 과정에서 정서적 기갈을 견디고 마음을 다잡기 위해 지속해 온 치유의 글쓰기가 나를 사회의 한 구성원으로 인도했다. 어머니는 내가 자기 능력을 찾아 일할 수 있도록 이끌어 주셨다.

대성그룹 홍보팀에서 카피라이터로 일을 시작해 출판과 강연, 원고 기고 등으로 얻은 수입으로 어머니 병원비와 생활비를 충당했다. 많은 정서적 지지자의 격려에 힘입어 나는 한 걸음도 이탈한 적 없이 2017년 10월 14일, 어머니와 함께해 온 시간을 마무리했다. 이 책은 각자도생과 각자도사의 한국 사회에서 20년간 병상에서 생사를 넘나드시던 어머니를 돌본 일상의 기록이다. 여기에는 의료 약자의 곤궁한 현실, 뇌질환 중환자를 오래도록 돌본 보호자로서의 고충, 전 세계에 드문 사례인 20년을 생존한 식물인간 상태의 가족을 돌본 가장으로서의 경험과 애환이 담겨 있다.

지금도 비슷한 아픔을 겪는 이들을 위로하고, 숨만 쉬며 생존하는 환자를 곁에 둔 이들에게 내가 사막에서 그려간 지도와 나침반을 전하고자 한다. 고통에 지친 사람들, 실의에 젖은 사람들, 삶의 의미를 상실하고 방황하며 고민하는 많은 분께 우리 모자의 이야기가 작은 온기와 위안이 될 수 있기를 기원한다.

2024년 8월 어느날

황교진

추천의 글 • 4
시작하는 글 • 12

1부. 하늘이 무너지는 심경

돌아가신 어머니가 백수 아들에게 주신 뜻밖의 선물 • 20
2004년, 그해 여름 • 25
하늘이 무너지는 고통 • 33
골든타임이 무너지는 과정을 겪다 • 41
왜why에서 어떻게how to로 • 48
어머니가 된 아들의 삶 • 55
재가 케어 시절 나의 하루 • 63
천국대학 사랑학과 • 72
바느질과 파란 구두 • 79
첫 번째 가족사진 • 88

차례

2부. 어머니와의 추억

입시를 치를 때의 기억 • 94

군 복무를 지날 때의 기억 • 101

엄마와의 일상, 그리운 추억들 • 109

의식을 잃은 어머니 곁에서 선명해지는 정(情) • 118

어머니와 속옷 • 128

재가 케어로 청춘을 보낸 뒤 사회적 돌봄의 길로 • 134

괜찮지 않아도 괜찮다 • 141

돈 문제의 그늘에서 결핍은 아름다웠다 • 147

위대한 가설, 믿음으로 살면 살아진다 • 158

가난 속에서 다른 사람의 가난을 생각하다 • 171

풍요롭지 않아도 풍성한 삶 • 179

8년 만에 • 187

두 번째 가족사진 • 194

마디와 매듭 • 198

3부. 우리 모자의 손

어머니 결핵 세 번째 재발한 날 • 206
소극적일 수도 적극적일 수도 없는, 오랜 병간호 • 217
우리 모자의 손 • 222
돈보다 사랑이 많이 들었는데요 • 228
메르스 사태의 고통 • 233

4부. 사랑하며 살기

최악의 시간에 최선의 희망을 얻기도 한 20년 • 238
18년째 어느 날, 가장으로서 아들로서 • 246
병간호, 가치 있는 순간의 연속 • 252
장기 연명치료에서 일어나는 숱한 갈등 • 258
세상에서 가장 행복한 엄마 • 263

5부. 20년 간호의 끝, 새로운 시작

어머니 간호의 마지막 4개월, 어느 날 • 274

어머니 소천하신 날 • 277

어머니 빈소에서 만난 부활 • 292

하늘 소망의 관점과 은혜 • 298

휴대폰 명의를 변경하다 • 302

어머니 간호가 세상을 바꾸는 특별한 생각이 되다 • 306

마치는 글 • 314

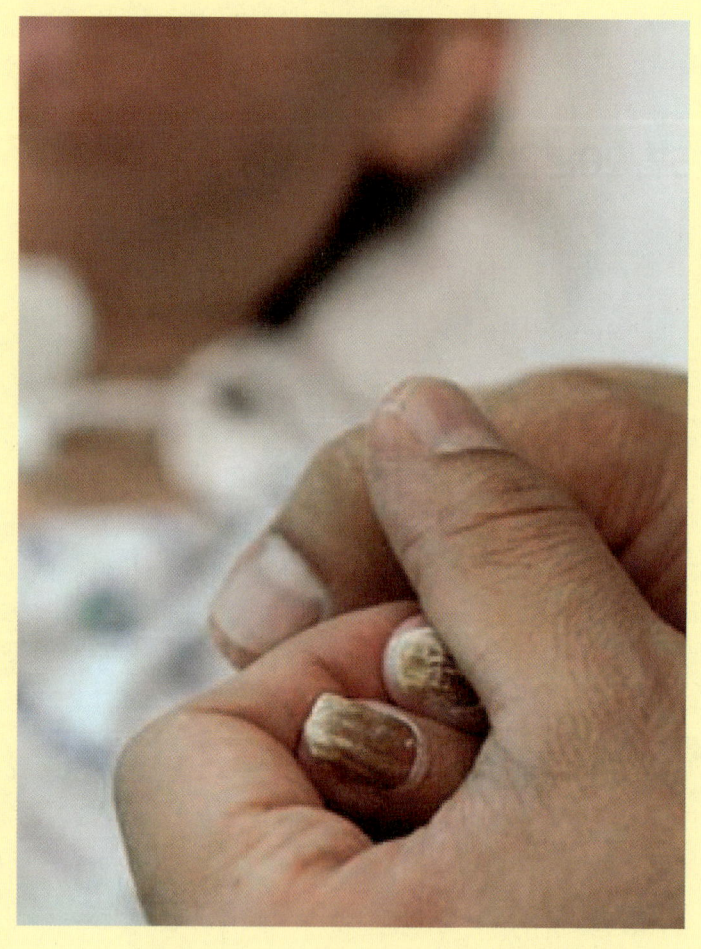

요양병원에 모신 후부터 손톱 건강이 나빠졌다.
기도할 때마다 엄마의 상한 손톱이 보여 마음이 아프다.

1부
하늘이 무너지는 심경

돌아가신 어머니가
백수 아들에게 주신 뜻밖의 선물

그 시장길에서 원단 냄새, 엄마 냄새가 코로 들어왔다

광장시장은 어머니가 우리 가족의 생계를 해결한 직장이다. 20년 넘게 일하신 이곳의 작은 의류 도매 가게로 새벽에 출근해 밤새도록 일하시다가 다음 날 오후에야 피곤한 몸을 이끌고 귀가하셨다. 그리고 다시 밤 10시면 깨어 출근하셨다. 뇌출혈로 의식을 잃고 20년이나 병상에서 견디다 소천하신 후 나는 어머니의 자취가 남아 있는 광장시장에 가보았다. 제대로 쉬어 본 적 없이 고단하게 일하신 어머니의 일터 현장에 일부러 가본 게 아니다. 어머니 장례를 치른 뒤 금융 조회를 했더니 광장시장 마을금고의 어머니 계좌에 200여만 원이 있어 상속 절차를 밟으러 간 것이다. 식물인간 상태로 투병하신 20년 동안 그 계좌가 있는 줄 우리 가족은 아무도 몰랐으니, 오랜 세월 숨어 있던 돈이었다.

어머니는 쓰러지시던 날에도 출근하셨다. 무더위와 강추위도 아랑곳하지 않고 새벽을 통과하며 숙녀복 장사를 하셨고 나는 일 년에 한두 번 어머니 뵈러 종로에 나갔다. 가게 안까지 가본 적은 드물었다. 기억에 남는 것은 대학 3학년 봄이었다. 일을 마친 어머니와 보령약국 앞에서 만나, 을지로 롯데백화점에 가서 내 첫 정장을 사던 기억이 선명하다. 그날 세트로 사주신 구두는 뒤축을 갈아가며 지금도 신고 있다. 그 정장은 특별한 강의를 할 때마다 입었다.

어머니가 뇌출혈로 쓰러지신 다음 날부터 여동생은 자기 꿈을 접고 엄마의 가게 일을 대신했다. 갑자기 엄마 가게 일을 도맡게 된 동생은 밤 10시에 광장시장으로 출근해야 했다. 중환자실에 계신 엄마의 모습에 괴로워하며, 처음 해보는 가게 일을 시작한 동생이 너무나도 안쓰러웠다. 가게 문을 여는 데까지 나는 동생과 함께 매일 밤 광장시장에 갔다. 당시 대통령 선거 기간이었는데, 김영삼에서 김대중으로 대통령이 바뀌는 순간 시장에 울려 퍼지던 함성이 기억난다. 어머니가 소천하신 2017년 10월 14일은 문재인 대통령 시절이니, 병상에서 의식 없이 계신 세월에 대통령 다섯 분이 바뀌었다.

초·중학교 시절, 소풍 갈 때면 김밥을 싸주실 여력이 안 되어 광장시장의 김밥을 사 오셔서 소풍 가방에 넣어 주셨다. 충무김밥처럼 작고 내용물이 거의 없는 형태였는데, 어머니 말로는 그 김밥집 주인이 광장시장에서 장사를 오래 하며 돈을 많이 벌어 벤츠를 몰고 다닌다고 했다. 후에 마약 김밥이라는 이름으로 나오는 그 김밥, 영화 〈어벤져스〉 출연 배우들이 홍보차 한국에 방문했을 때 광장시장에 들러 먹었다는 김밥이 내가 어릴 적 소풍 갈 때마다 먹던 김밥이다.

일하시느라 몸도 제대로 챙기지 못한 어머니의 광장시장은 치열하게 사는 사람들로 가득했다. 호떡집, 김밥집, 떡볶이집 상인들의 얼굴에는 오랜 연륜만큼이나 주름이 깊게 패였고, 안쪽 골목은 원단 가게가 즐비했다. 어디쯤이 어머니 가게였는지는 기억나지 않았다. 그도 그럴 것이 어머니가 그 안에서 일하신 마지막 날에서 20년이 흘렀으니까.

기억나는 건, 가게를 밝히던 백열전구가 일반 가정집에서 사용하는 전구보다 다소 컸는데 전열기처럼 뜨거웠다는 사실이다. 겨울에는 난방 효과가 있었지만, 여름에는 얼마나 더우셨을까. 채 2평도 안 되는 작디작은 가게를 환하게 밝혀 주던 전구는 매일 하나씩 새로 갈아주어야 할 만큼 내구성이 약했다. 어머니는 작은 스툴에 올라가 천장의 전구를 갈다가 넘어지신 일도 여러 번 있었다고 한다.

광장시장 마을금고는 시장 안쪽에 있었기에 걸으면서 이런저런 생각이 떠올랐다. 엄마는 그 가게에서 우리 남매 교육비와 우리 집 생활비를 모두 건져 올리셨다. 쉬고 싶은 날도 피곤한 눈 비비며 이 시장에 나오셔서 지방에서 올라온 소매상인들 상대로 심야 시간에 장사하셨다. 몸이 안 좋다고 가게 일을 빼먹은 적이 단 하루도 없었다.

돌아가신 어머니의 계좌에서 돈을 인출하려면 복잡한 서류를 내야 했다. 가족관계 증명서, 사망진단서, 제적등본, 기본증명서 그리고 아버지와 나, 여동생의 인감증명서, 신

분증과 도장 등. 모두 잘 챙겨 왔다. 서류를 제출한 뒤 한참을 기다리니 240여만 원이 내 통장에 입금됐다. 당시 백수인 내게 주신 뜻밖의 선물이다.

마을금고에서 광장시장을 다시 빠져나오며 종로5가역까지 걷는 그 시장길에서 원단 냄새, 사람 냄새, 추억 속 엄마 냄새가 섞여 코로 들어왔다. 이제 다시 여기 올 일이 있을까? 코가 시큰해졌다. 이런 복잡하고 여가 없는 시장에서와 달리 천국에서 편하게 계실 엄마를 생각하며 마음을 다잡았다. 어머니는 돌아가신 뒤에도 내게 선물을 남기셨다. 병간호의 추억, 이별을 준비한 시간 20년과 그날 받은 두둑한 용돈까지.

2004년, 그해 여름

식물인간 어머니 돌본 청년의 이야기

2004년 여름은 유독 더웠다. 그 더위는 내게 설렘과 고단함을 함께 안겨 주었다. 그해 5월 초 김영사와 출간 계약을 맺은 지 두 달 만에 첫 책 《어머니는 소풍 중》이 나와 서점에 깔리고 있었다. 어머니를 간호하며 매일 홈페이지에 쓴 글이 책이 되어 온라인서점 문학 에세이 부문에 올라가 있는 것을 본 날, 두근거리는 마음으로 집 부근 서점에 가서 신간 매대 위에 있는 내 책을 슬쩍슬쩍 바라보았다. '누가 내 책 표지를 만져 주기라도 할까', '사는 사람이 있을까'. 멀찌감치 서서 한참을 관찰했다.

메이저 출판사에서 냈지만 출간 전 편집부로부터 흥행보다는 공익 차원의 책이라는 암시를 받았기에 호응이 높을 거라는 기대는 애초에 없었다. 그저 신기하고 감사했다. 병원에서 가망이 없다고 포기하듯 퇴원시킨 어머니를 집으로 모시고 와서 8년 동안 매일 24시간 철저하고 절실하게 간호한 어머니와의 사랑 이야기가 독자들에게 어떻게 읽힐지 궁금했다.

폭염경보가 발령된 평일 낮에 조용한 서점 매대를 빙빙 돌았다. 표지에 있는 내 사진을 누가 알아보지도 못할 텐데 겸연쩍었고, 짝사랑하는 대상을 몰래 훔쳐보는 심정이었다. 살짝 이글거리는 눈길을 책 표지에 두다가 집으로 돌아왔다. 책이 나와도 어머니의 호흡과 생명을 돌봐온 내 일상은 똑같았다. 안방을 병실로 꾸며놓고 의사, 간호사, 재활치료사 역할을 하다가 장소만 요양병원으로 바뀌었을 뿐, 난 온종일 어머니의 안전과 평안을 걱정하며 간호 물품들을 챙겨 어머니께 다녀올 계획을 짜고 숨 고르기를 했다.

2004년 초까지 집에서 간호하던 어머니를, 집을 내놓게 되면서 화곡동의 요양병원에 모셔두고 매일 병실에 달려가 씻기고 드레싱하면서 안정적인 상태가 되도록 도왔다. 내 인생은 대학 졸업 순간부터 여전히 뜻대로 계획할 수 없었고 집에서 간호하던 때보다 마음이 더 복잡하고 괴로웠다. 요양병원의 돌봄 현실은 믿음직스럽지 못했다. 어머니 돌봄에 대한 내 눈높이에 맞는 장기재활병원은 없었다. 병원에서 할 수 없는 것, 하지 못하는 것을 내가 직접 해결해야 했다. 그렇지 않으면 몇 달 못 버티고 고통 속에서 신음할 어머니 모습이 그대로 그려졌다. 2004년 처음 마주해 본 우리나라 요양병원 현실은 집에서 정성을 다해 간호해 온 내 눈에는 부실하기 짝이 없었다. 석션도 제대로 못하는 간병인이 중환자 간병까지 맡고 있었으니 말이다. 집에서 간호할 때보다 더 긴장되고 불편했고, 거의 매일 병원에 가서 요양병원의 구멍 나 있는 부분을 조용히 채우고 와야 했다.

긴 한숨은 마음을 진정시키고 차분하게 하는 데 도움이 되었다. 그 긴 한숨을 내뱉는 데 전화기가 울렸다. 'MBC 화제집중', '일밤 러브하우스', 'KBS 피플 세상 속으로', '인간극장'에서 차례로 출연 요청 연락이 오더니, 조선일보에서도 인터뷰 요청이 왔다. 조금 전 들러본 서점에서 조용했던 분위기와 달리 전화기에 불이 났다. 방송국 작가에게 나를 어떻게 알았는지 물었더니, 지금 연합뉴스 메인화면에 내가 떠 있다고 했다. 컴퓨터를 켜고 들어가 보았다. 큼지막한 배너로 〈식물인간 어머니 7년간 돌본 청년의 이야기〉란 제목이 보였다. 주요 포털사이트 메인 페이지에도 소개되고 있었다.

식물인간 어머니 7년간 돌본 청년의 이야기

직업과 연애도 포기한 채 식물인간 상태에 놓인 어머니를 돌보고 있는 황교진 씨가 펴낸 사랑의 일기《어머니는 소풍 중》

『(서울=연합뉴스) 이봉석 기자 = 효(孝)가 점점 사라져 가는 요즘, 건축가를 꿈꾸고 한 여자를 만나 사랑을 나누던 평범한 20대 청년이 있었다. 하지만 어느 날 밤 그의 인생을 '비범'하게 바꿔놓은 사건이 일어난다. 동대문시장에서 도매상을 하던 어머니가 가게에서 갑자기 뇌출혈로 쓰러진 것. 어머니는 병원을 세 번이나 옮긴 끝에 가까스로 수술받았지만 7년이 지난 지금까지도 의식 없이 병상에만 누워 있다. (이하 생략)
2004.07.23』

35세였던 나는 미디어에 알려진 청년이 되었다. 연합뉴스 메인화면의 내 기사는 무려 나흘 이상 걸려 있었다. 그때 원 소스 기사를 생산하는 연합뉴스의 힘을 실감했다. 온라인 뉴스는 모두 연합뉴스의 이 기사를 가져가 소개했다. 주간지, 월간지 기자들에게서도 쉴 새 없이 전화가 왔다. 세상의 스포트라이트를 받는 자리는 위험하고 두렵다. 편찮으신 어머니를 책임지고 간호한 일이 뭐 그리 큰일이라고 특종이라며 달려드는지 몹시 어리둥절했다. 사실 당시 우리 사회를 공포로 몰아넣은 흉흉한 연쇄살인 뉴스가 언론을 도배하고 있었는데, 끔찍한 세상이 된 현실에서 그에 반하는 따뜻한 미담을 찾던 중에 내 책이 화제가 된 것 같다.

기독교 신앙으로 견딘 삶이었지만 청춘의 낭만과 여유를 접고 식사와 수면도 포기한 채, 의식이 없는 식물 상태의 어머니를 돌보는 데만 몰두해 왔다는 사실에 많은 독자가 공감해 주었다. 지인으로부터 내 이름이 포털 검색어 1위에 오래 머물렀다는 얘기도 들었다. 정작 당사자인 나는 떨리고 괴로웠다. 묵묵히 어머니를 간호하며, 직업도, 연애도,

쉼도 갖지 못한 진흙 속 삶의 현장에 갑자기 촬영팀과 기자들이 취재를 원하는 북새통에 당황스러웠다. 내게 지난 8년간의 일상은 어머니 간호에 최적화한 잔잔한 물결이었지만, 사람들은 큰 파도로 느끼는 듯했다.

생방송 하나 정도는 괜찮겠다고 생각하던 어느 날, KBS 〈아침마당〉 작가에게 연락이 와서 출연에 응했다. 아침 시간에 25분 정도 마음껏 표현할 수 있으리라는 생각에 떨리기보다는 기대감이 가득했다. 내가 긴장하지 않도록 다정하고 편안하게 진행해 준 이금희 아나운서가, 어머니 쓰러지시기 보름 전 처음 찍은 가족사진이 화면에 나올 때, "저 가족사진 보며 매일 많이 울었겠어요"라고 물었다. 나는 "이 땅에서 다시 건강한 모습으로 마주하진 못할지라도 천국에서 저보다 더 환한 미소로 함께할 어머니를 소망할 수 있도록 남겨주신 저 가족사진은 보석 같은 선물"이라고 말했다.

그 이른 아침에 방청객들은 모두 눈시울을 적셨지만, 나는 유쾌한 일들을 떠올리며 즐겁게 25분을 채웠다. 눈물은 8년 전에 흘린 양으로 충분했다. 내겐 익숙해진 일상이어도, 처음 접하는 분들에게는 눈물을 안기는 독특한 일상이라는 것을 알게 되었다. 손범수 아나운서가 대본에 없는 질문도 몇 차례 했는데 신기하게도 어떤 질문을 할지 예상이라도 한 듯 적절한 표현의 답이 흘러나왔다. 그 생방송의 기억은 위로와 즐거움이 가득했고, 방송 후 격려도 많이 받았다. 이금희 아나운서는 방송 작가를 통해 내 계좌에 후원금을 보내 주었고 내가 보낸 감사 메일에도 친절히 답장해 주었다. 지금도 라디오에서 이금희 아나운서 음성이 나오면 삶에 시달리던 피로가 달아난다. 사랑은 그렇게 표현하고 움직이는 데 연속성과 힘이 있다. 그로부터 5년 뒤 우리 사회에 존엄사 문제가 뜨거운 감자로 떠올랐을 때 나는 〈아침마당〉에 토론 패널로 다시 출연했다.

　2004년 여름은 그렇게 대중에게 내 삶이 소개되면서, 식물인간이라는 무시무시한 중환자가 된 어머니의 고통을 덜어드리고 생명을 보존하는 데 청춘을 아끼지 않은 인물로 화제가 되었다. 책을 낸 작가가 된 것은 대학원도 연애도 포기하고 살아가는 아들을 위한 어머니의 기도 응답이자 선물이란 생각이 든다. 나는 우리 모자의 특별한 사랑 이야기 덕분에 중견기업 홍보팀에 특채됐고, 내 인터뷰와 책을 통해 어머니 간호를 돕겠다는 사람을 만나 결혼해 두 아들의 아빠가 되었다.

이제 지난 20년을 회상하는 이야기를 시작하려 한다. 다음 이야기에 1997년 겨울의 그날, 모든 것을 잃었던 그 춥고 끔찍했던 순간을 회고하며 내게 갑자기 다가온 고통과 결코 내 힘만으로는 견딜 수 없던 세월의 실타래를 풀어놓으려 한다. 그날을 돌아보며 이야기하기가 참 어렵다. 하지만 새로움과 감동의 미래를 위해서는 아팠던 날을 다시 언급할 필요가 있기에, 누군가에게는 내 아픔이 광야의 나침반이 되기를 바라는 심정으로 고통의 껍데기를 깨고 이야기를 시작한다.

어머니가 의식을 잃기 보름 전에 찍은 가족사진

하늘이 무너지는 고통
1997년 11월 27일 어머니가 의식을 잃은 날

야간 통금이 있던 시절 어머니의 출근 시간은 새벽 4시였다. 통금이 해제된 1982년 1월부터 그 출근 시간은 점점 앞당겨졌다. 내가 중학생이던 1983년부터 어머니는 밤 10시에 동대문 광장시장에 출근하셨다. 겨우 한 사람 들어가 앉을 만한 좁은 공간에서 늦은 밤부터 다음 날 아침까지 숙녀복 도매 일을 하셨다. 신세대에게 익숙한 밀리오레 같은 동대문 의류상들은 주야 교대로 근무하지만, 당시 어머니가 일하던 광장시장은 집안 살림부터 교대 없이 혼자 가게 일까지 슈퍼우먼처럼 감당하는 상인이 대부분이었다. 지방의 의류상들이 그 시간에 광장시장에서 도매로 물건을 떼갔다. 어머니는 그들을 상대로 새벽 장사를 하셨다.

1980년대 중반부터 유명 브랜드의 옷들이 시장을 장악하면서 어머니 가게와 같은 시장 브랜드 도매상의 매출은 급감했다. 어머니는 생활고에서 벗어나려 매일 밤새워 일하시느라 고생이 이만저만이 아니었다. 그 와중에 아버지는 해외여행 자율화가 시행되기도 전부터 조기축구회 동호회에서 일본과 유럽 여행까지 다녀오셨다. 두 분은 달라도 너무 달랐다. 즐기며 누리는 분과 참으며 삭이는 분, 나는 엄마의 고통에 아버지의 책임이 크다고 생각했지만, 아버지는 그리 여기시지 않았다.

내 청소년기는 우울했다. 매일 밤 10시면 고단한 몸을 일으켜 삶의 즐거움이 조금도 보이지 않는 지친 얼굴로 생계를 위해 일하러 나가시는 어머니를 보며 마음이 무겁기만 했다. 아버지가 차로 어머니를 가게로 데려다주시지 못하는 날은 택시를 타셨는데, 그런 날은 내가 택시를 잡아타는 어머니를 동행해 드렸고, 혹시나 무슨 일이 생길까 싶어 택시 번호까지 적어뒀다. 집으로 돌아오면 내 우울감은 더 깊어 갔다. 어머니의 낮과 밤이 다른 어머니들처럼 평범해지면 얼마나 좋을까, 하는 심정이 간절했다. 여행도 좀 다니면서 쉬는 날은 마음껏 쉬게 해드리고 싶었다. 이 기도는 후일 뜻밖의 모습으로 이뤄졌다. 오전에 가게 문을 닫으신 뒤에도 어머니는 바로 귀가하여 쉬지 못하셨다. 을지로의 백화점을 돌며 시장조사를 하고 다음 시즌 디자인을 조사해야 했고, 집안 살림을 위해 장을 보고 집에 오시면 반찬과 국을 만들어 두고 바로 잠드셨다. 매일 4시간도 채 못 주무셨는데 불면증마저 겹쳐서 하루하루가 인내뿐인 삶이었다. 출근을 위해 잠깐 주무시고 일하러 나가는 어머니 모습을 나는 국민학교 시절부터 봐왔다. 주말과 주일에만 잠시 어머니를 마주할 수 있었다. 어머니 삶의 고통이 전부 내 탓인 것만 같았고, 내 일기는 책임감 가득한 문장으로 가득했다. 일기를 쓰면서 마음을 달래는 조용한 청년으로 자랐다. 부엌에서 창밖의 노을을 소녀의 얼굴로 응시하시던 어머니 뒷모습에 가슴 뭉클한 적이 많았다.

'내가 잘 돼야 해. 엄마가 편안하게 사시도록 해드려야 해.'

빚쟁이들이 집에 찾아와 시달린 날도 종종 있었다. 다음 날이 시험이어서 밤새 공부하고 있었는데 그들이 집에 들이닥쳐 풍비박산으로 만들어 놓고 갔다. 그런 날도 어머니는 상한 속내를 감추고 가게에 나가셨다. 나는 아버지가 어머니를 든든하게 보호해 주지 못하는 모습을 반복해서 보며 내가 어머니의 보호자가 되어야 한다는 결심이 단단해져 갔다. 학교 교실에서 나는 말이 없었다. 어쩌다 중고등학교 친구를 만나면 그들은 하루 종일 아무 말 없이 조용하던, 존재감 없는 아이로 나를 기억한다. 어머니는 아주 힘든 날이면 안개꽃에 싸인 프리지어꽃을 사서 집에 오셨다. 그 꽃이 엄마의 감성을 지켜 준 유일한 친구였다. 고등학교 3학년 때 고덕동의 18평 주공아파트에 세를 얻어 할아버지, 할머니, 여동생과 함께 여섯 식구가 살았다. 어머니는 아무 불평 없이 시부모님과 시동생들까지 거두셨다. 수험생인 나를 다른 엄마들처럼 챙겨 주지 못해 늘 미안하다고 하셨다.

다행히 내가 대학에 진학한 뒤 어머니 가게 매상이 오르기 시작했다. 군 복무를 마치고 복학했을 때는 강변역 동서울터미널 부근의 우성아파트를 구입했다. 청소년기부터 불안정했던 나는 26평의 우리 집을 얻은 기쁨에 이런 평안이 실재일까 하는 의심이 들면서 불안불안하던 감정이 연기처럼 사라져갔다. 여전히 어머니 출근은 밤 10시였다. 대학 4학년을 맞으면서 나는 학교 부근에 설계 작업실 겸 자취방을 구해 졸업작품에 몰두했다. 설계 과목 학점 따기가 어려운 건축공학을 전공하며 4학년에 제출해야 할 졸업작품과 학사논문을 잘 마치려면 시간을 아껴야 했다. 기독교 동아리 IVF 활동에 몰두한 대학 생활에서 공부할 시간이 부족했던 나는 4학년 때 학업에 집중했고 좋은 결실을 보았다. 졸업작품은 공학 전공자들의 경연대회인 형남과학상에서 대상을 받았고, 학점도 좋았다. 대학원 특차 입학 커트라인을 넘었기에 졸업 후 대학원에서 더 공부하기로 했다. 경제활동을 좀 늦추더라도 어머니를 쉬게 해드리려면 전공 공부를 더 깊이 하는 쪽이 합리적인 선택으로 보였다.

문제는 내가 집을 비운 1997년 그해에 벌어졌다. 고단한 생활을 20년 넘게 해온 어머니 몸에 이상 징후가 있었는데 우리 가족은 아무도 큰일이 일어날 거라 생각지 못했다. 당시 내가 공부에 열을 올리던 모습을 보며 어머니는 아들이 유학을 원하면 보내줄 학비를 마련하기 위해 더욱 가게 일에만 몰두하며 계를 드셨다고 한다. 아들이 고등학교 때 등록금조차 제대로 내지 못하고 보충수업비 납부와 교재 구입에 필요한 돈은 말도 꺼내지 못하다가 3수까지 한 것에 어머니는 늘 미안해하셨다. 그 무거운 마음의 짐을 덜어내기 위해 유학을 보내줄 준비를 하셨다. 나는 유학을 꿈꾼 적이 없었지만, 교육 뒷바라지에 한이 맺혀 있던 어머니는 무리를 하셨다. 이제라도 아들이 원하는 바는 무엇이든 뒷바라지해 주고 싶은 심정이었다.

그해에는 유독 어머니에게 두통이 자주 왔다. 몸에 문제가 생겨도 병원보다는 약국 약에 의지하던 어머니의 수많은 약봉지를 화장대 서랍에서 발견한 적이 있다. 문제는 계모임에서 터졌다. 내 유학자금을 위해 차곡차곡 낸 계에서 어머니가 곗돈을 탈 차례에 계주가 사라져 버렸다. 그토록 고생하여 버신 돈으로 붓던 계가 깨진 데 대한 극심한 충격과 스트레스로 며칠을 뜬눈으로 지새우시다 심한 두통과 함께 구토를 하셨다(두통에 구토가 겹치면 반드시 응급실로 가야 한다. 뇌출혈이 시작된, 이상 조짐이다). 나는 무지했다. 건강에 대한 정보도 없었고, 기도하면 지나갈 단순한 사건이려니 생각했다. 어머니가 겪은 그 고통의 실상도 뒤늦게 알았다. 두 번째 구토를 일으킨 날도 어머니는 평소처럼 가게로 출근하셨다. 그때 가족 중에 아무도 어머니를 빨리 병원으로 모시지 않은 사실이 장남인 내게 깊은 죄책감으로 몰려왔다. 나는 대학원 진학을 앞두고 교제한 지 두 달쯤 된 연애로 하루하루가 설레던 나날을 누리다가 지옥으로 떨어지는 처참한 상황을 맞이해야 했다.

어머니께 무슨 일(?)이 일어난 것은 IMF가 터지기 6일 전인 11월 27일 새벽이었다. 광장시장 가게 문을 열고 잠시 뒤 어머니는 순간적으로 의식을 잃으셨다. 주변 상인이 발견하고 어머니를 깨웠을 때 어머니는 잠시 의식이 돌아왔다. 뭔가 상태가 심각한 것을 직감하고 생전 처음으로 가게 문을 닫고서 을지로 백병원으로 가셨다. 20여 년을 광장시장에서 일하셨지만 잠시라도 중간에 가게 문을 닫고 병원에 가신 적이 없었다. 응급실에 걸어 들어가셔서 혈압을 재다가 큰 쇼크를 일으키며 또 의식을 잃으셨다. 나는 그날 졸업시험 두어 과목을 남겨두고 대학원 연구실에 자리를 잡고서 선배의 건축자재 강도 측정실험을 돕느라 11시쯤 귀가했다. 평소처럼 홀로 늦은 식사를 차려 먹던 중에 전화를 받았다. 아버지가 빨리 백병원으로 택시를 타고 오라고 했다. 크게 불안하지는 않았다. 우리 네 식구 중에 어머니와 나만 신앙생활을 하고 있었다. 신실한 집사인 어머니는 수면 시간을 쪼개어 구역예배에 참석했고, 간절히 기도하며 주일성수를 지키셨다. 나는 대학생 선교단체 활동을 전공 공부보다 더 열심히 해왔다. 기도하면 지켜 주시리라 믿었다.

골든타임이 무너지는 과정을 겪다
1997년 11월 28일 새벽에 경험한 죽음 문턱을 넘나들던 순간

백병원 응급실에서 마주한 어머니의 모습은 경악과 충격 그 자체였다. 좁은 응급실 침대에서 온몸을 무섭게 떨고 계셨다. 심한 경련을 일으키고 있는 어머니 옆에 남자 간호사 한 명이 무언가를 하고 있었다. 어머니 입에 수동식 인공호흡기인 앰부백 Ambu bag을 반복해서 눌러 호흡을 돕고 있었고, 나는 당장 응급조치를 하지 않으면 이 순간이 이별로 이어질지도 모른다는 다급한 생각이 들었다.

당시 응급실 분위기는 이해하기 어려웠다. 촌각을 다투

는 위급한 어머니 외에도 응급 환자가 몇 분 있었는데 의사 선생님은 한 분도 보이지 않았다. 의사 선생님이 안 오시냐는 물음에 전화기를 계속 돌리던 간호사는 짜증이 가득 오른 목소리로 좀 기다려 보라고 소리쳤다.

마냥 기다릴 순 없었다. 내가 병원에 도착한 지 30분이 흘렀어도 의사는 나타나지 않았다. 골든타임이 그렇게 지나가는 것을 더는 두고 볼 수 없어서 119에 전화했다. 응급실로 구급차를 보내달라는 요청에 의아해하던 119는 즉시 환자를 이송해야 한다는 절박한 호소에 달려와 주었다. 앰부백을 누르던 남자 간호사와 함께 어머니를 구급차에 태운 뒤 빨리 가까운 큰 병원으로 가달라고 했다.

그런데 119기사는 백병원과 가까운 서울대병원이나 세브란스병원을 놔두고 그보다 먼 왕십리의 한양대병원으로 구급차를 몰아갔다. 영문을 알 수 없었다. 여전히 어머니는 의식 없이 심하게 떨고 계셨고, 일일이 행선을 확인하며 목적지를 외칠 경황이 없던 터라 한양대병원 응급실에 도착한 후 신속한 응급 의료 조치가 취해지기만을 바랐다.

하나님께 절박하게 기도하며 울음을 참았지만 이내 꺽
꺽거리며 절규와 통곡이 터져 나왔다. 한양대병원 응급의
가 어머니를 진찰하기 시작했다. 드디어 구원자를 만났다
는 일말의 안도감은 금세 무너졌다. 어머니가 곧 사망할 수
있다는 소견과 함께 지금 병원에서 급하게 수술 준비를 할
수가 없으니 건너편 구의동 혜민병원으로 가보라고 전해왔
다. 어떻게 이런 일이 다 있을까.

혜민병원이 있는 구의동까지 멀지는 않았지만, 발병 직
후 귀중한 골든타임은 그렇게 무너져 갔다. 대학병원보다
규모가 작은 혜민병원에서 급하게 신경외과 선생님을 호출
했다. 무시무시한 내용의 수술동의서를 썼다. 간호사가 어
머니 머리카락을 깎아내는 장면을 목도했다. 별일 없을 거
라 믿고 기도하며 택시 타고 달려온 지난밤부터 이 새벽까
지 현실이 아니기만을 바란 일들에 가까스로 참은 울음이
터지고 말았다.

분노와 답답함, 하늘이 무너지는 듯한 심경으로 드린 기
도의 절박함, 청소년기 때부터 기도해 온 어머니 행복에 대
한 소망이 참담히 땅에 떨어져 버린 듯한 무력감, 내가 아

는 하나님과 다른 모습의 현실을 마주한 배신감과 고립감이 한꺼번에 몰려왔다.

수술실 문 앞에서 간절히 기도했다. 이런 복잡한 심경일 때 의지할 분은 하나님뿐이었다. 화도 나고 도저히 받아들이기 힘든 현실 앞에 극심한 고통이 밀려왔지만, 기도 외에는 할 수 있는 게 없었다. 벼랑 끝에서 내 영혼은 끝 모를 바닥으로 추락하고 있었다. 지푸라기라도 손에 걸려 이 추락이 멈추거나 제발 꿈이기를, 다시 전으로 돌아갈 수 있기를 기도했다.

3시간쯤 지나 수술실 문이 열리면서 머리엔 붕대가 감기고 목에는 기관 절개 후 삽관한 T케뉼라가 끼워진 채로 상상도 못한 끔찍한 모습의 어머니를 마주했다. 결코 현실로 받아들일 수 없었다. 받아들일 준비가 전혀 되지 못한 상태에서 불쑥 직면한 그 모습에 나는 아무리 침착하려 해도 진정이 되지 않았다.

억지로 마음을 다잡으려 했지만, "엄마, 엄마" 하는 외침만 터져나왔다. 수술 후 어머니 침대는 중환자실로 옮겨졌다. 철문이 닫히고 면회 시간까지 기다려달라는 안내를 받았다. 집도의는 "수술은 잘 됐으니 기다려 보라"는 짧은 말만 남긴 채 멀어져 갔다. 그 기다림은 20년이나 이어졌다.

식물인간이라는 어마어마한 중환자가 된 어머니와 함께한 시작과 기다림은 내 청춘과 인생을 바꾸어 놓았다. 어떻게 살아갈까 하는 걱정이나 두려움이 찾아올 틈도 없었다. 하루하루 어머니의 생명을 보존하는 데만 집중하며 견딜 힘과 지혜를 어떻게 얻을 수 있을까 하는 고민으로 바로 넘어왔다.

왜 내게 이런 일이 일어났을까? 왜 우리 어머니여야 할까? 난 왜 의대생이 아니고 공대생일까? 도대체 내 삶의 과정은 왜 이렇게 뒤죽박죽이 됐을까? '왜… 왜… 왜…' 이런저런 질문이 계속 솟구쳤다.

어머니 뇌수술 후 중환자실에서 첫 면회는 눈물바다였다. 이 갑작스럽고 끔찍한 상황을 현실로 받아들이기 어려웠다. 멀리 마산과 울산에서 외가 친척들이 급하게 오셨고, 20분 면회에서 다들 통곡하며 의식이 없는 어머니와 마주했다.

어머니 머리에는 붕대가 감겨 있고, 목에 삽관된 T케뉼라를 통해 가래를 뽑아내야 호흡이 유지될 수 있었다. 폴리라인이라는 소변 줄도 착용했다. 옆 베드에 교통사고 환자가 입원해 있어서 몹시 어수선한 분위기였다. 그때까지 살아오며 본 가장 심한 지옥이라면 그 응급실 풍경이다. 중환자실 문밖 복도를 떠날 수 없었다. 다음 면회 시간까지 그저 괴로운 마음으로 기도하는 심정, 누군가 내게 다가와 손이라도 꼭 잡아 주었으면 하는 깊은 외로움과 절망감이 엄습했다. 밤에 남은 건 나 혼자였다. 자정 가까이 되어 집에 돌아왔다.

집에는 오랜만에 만난 외가 친척들이 모두 깨어 있었다. 무슨 일인지 분위기가 몹시 차가웠다. 아버지는 보이지 않았다. 늘 과묵한 큰외삼촌이 가족들을 달래며 말씀을 이어가셨다. 어머니가 곧 돌아가실지도 모르는 절박한 상황에서 분노의 감정을 토로하며 공격해야 할 대상이 있어야 한다는 듯 소리치며 싸운 흔적을 감지했다.

이 순간 함께 위로하며 어머니가 곧 나을 거라고 격려해야 할 혈육들이 희생양을 찾아 싸우다니! 가장 괴로운 건

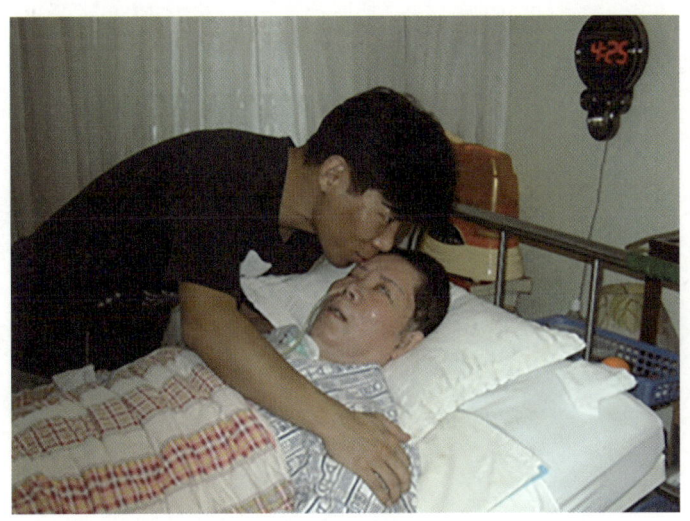

집에서 간호한 후부터 어머니 얼굴빛이 좋아지고 몸의 기능도 회복됐다.
의식은 돌아오지 않았다.

우리 가족인데, 친척들의 날 선 공격은 우리 가족을 향해 있었다. 이런 일에 가장 먼저 찾아오는 건 분열이다. 위로와 격려보다 자기감정이 우선인 것을 나는 여러 번 아프게 경험했다. 차라리 다른 아픔은 생각도 말자며 나 스스로를 다독여야 했다. 그분들은 그렇게 자기 할 말을 쏟아놓고선 각자의 자리로 떠나갔다. 나는 어머니 곁을 지키면서 사람을 의지하지 말고 결국 홀로 감당해야 할 아픔임을 첫날부터 감지했다.

왜 why에서 어떻게 how to로
고통의 터닝포인트가 된 일화들

가정재난과 같은 극심한 고통의 시간을 견디게 해주는 힘은 공동체의 관심이다. 내게 공동체는 가족과 친척이 아니라 교회였다. 점심시간이면 부목사님 세 분이 교대로 중환자실 대기 복도에 오셔서 면회 시간에 함께 들어가 어머니 손을 잡고 기도해 주셨다. 면회 후 점심식사를 함께하며 내 괴로운 심정을 따뜻하게 경청해 주셨다.

어머니의 발병 당시는 겨울수련회 기간이라 친한 친구들을 곁에서 볼 수 없었다. 친구들은 내 문제를 해결해 줄 수 없는 마음에 내게 가까이 다가오지 못하다가 시간이 흐르면서 다시 연락할 타이밍조차 찾지 못했다. 하지만 내게 필요한 건 그저 곁에서 손잡아 주고 아픔의 시기를 견디는 마음속 몇 마디를 들어주면 충분했다. 해결할 수 없는 문제를, 해결해 주지 못하는 무거운 마음으로 거리를 두는 것은 친구들의 잘못이 아니지만 많이 섭섭했다.

의사도 예후를 진단할 수 없는, 뇌출혈로 의식이 없는 어머니 문제를 누가 해결해 줄 수 있단 말인가. 아픔을 위로하는 방법은 간단하다. 평소처럼 다가와 차 한 잔 같이 마셔 주는 것만으로도 큰 도움이 된다. 내 친구 관계는 대학 시절 많은 시간을 함께 보낸 학교 친구들에서 이번 일을 통해 새로 만나는 교회 친구들로 바뀌었다. 자주 찾아와 주었고, 기도해 주었고, 내게 용기를 불어넣어 주었다. 인터넷에 기도 부탁 글을 올리면 많은 분이 뜨겁게 호응해 주었다.

1997년 11월 27일, 갑자기 의식을 잃으신 어머니를 위해 눈물로 기도하며 그해 크리스마스 선물로 기적같이 깨어나시리라 기대했지만, 현실은 무너진 폐허의 연속이었다. 살아 오며 가장 가슴 아픈 성탄절을 보냈다. 새해가 되어도 어머니는 천천히 한쪽 눈을 조금씩 뜨는 것 외에는 변화가 없었다. 나는 하루 세 번 면회하면서 대학원 입학 전에 선배들이 진행한 세미나에 참석했다. 어딘가 몰두할 대상이 필요했다. 공부라도 해야 정신적으로 버틸 수 있을 것 같았다. 함께 공부하는 건축구조학 대학원 연구실 선배들이 실험하고 남은 고철들을 처분한 돈을 어머니 병원비에 보태라고 건네주었다. 그런 관심과 마음을 고맙게 느끼면서도 내 마음은 절망과 탄식이 가득했다.

한번은 대학원 선후배 단합회로 북한산 등반에 참여했다. 당시 모 대학 산악부의 겨울철 지리산 등반에서 조난 사고가 일어나 많은 청춘이 사망한 뉴스가 있었다. 나는 이 땅을 떠난 그들이 부럽기까지 했다. 삶에 의욕도 희망도 없었다. 면회 시간마다 마주하는 어머니는 예전의 단아한 모습은 오간 데 없고 점점 노숙자의 모습으로 변해갔다. 아침 면회를 동생 혼자 들어가게 하고, 난 대학원 동기와 선배들과 북한산에 오르면서 몰래 죽고 싶은 심정이었다. 일행을 이탈해 앞서 올라갔다. 그러다 북한산 상층부의 미끄러운 바위에서 그만 미끄러졌다. 다행히 등산로 줄을 간신히 잡고 엉덩방아를 찧는 정도로 그쳤다. 그때 내 입에서 툭 튀어나온 소리가 "죽을 뻔했네"였다. 쓴웃음이 나왔다. 정상에서 찬 바람을 쐬며 기다리니 잠시 후 아래에서 올라오는 선배들이 보였다. 중간에 내가 보이지 않아 걱정했다며 야단을 맞았다.

'왜 내게 이런 일이…'에 대한 질문은 끊임없이 나를 괴롭혔다. 그 질문을 하면 할수록 우울했고 답도 없었다. 답이 있었다면 마음이 시원했을까? 그렇지 않을 것이다. 구약성경의 출애굽 하던 이스라엘 백성들은 구름 기둥, 불기둥이란 답을 눈앞에서 보면서도 계속 죄를 짓는다. 답이 있어도 마음의 변화는 없다. 내 고통은 답의 유무에 있지 않았다.

혜민병원에서 해를 넘기고 설 명절을 맞으면서 뉴스에서는 IMF로 인한 고통이 날마다 도배되다시피 흘러나왔다. 중환자실 철문 앞에서 어머니의 하루 세 번 면회 시간을 기다리며 극심한 고통 속에 있던 나는 그 국가적 아픔에 공감하면서도 모두가 아픈 시기인 것이 차라리 위로가 될 정도였다. 환하게 웃는 모습은 어디에서도 볼 수 없었다. 1월 말, 여전히 차도가 없는 어머니를 경희의료원으로 옮겼다. 구급차 안에서 한없이 울고 또 울었다. 병원을 옮기는 건 현실에 대한 절망, 미래에 대한 고통을 가중시켰다. 흔들리는 구급차에서 내 온몸도 죽어가는 듯했다. 경희의료원에서 양한방 치료를 병행했지만, 안타깝게도 효과는 없었다.

5개월을 비싼 양한방 병원비를 꼬박꼬박 지불하며 병원에 사정해 붙어 있다시피 하다가 6월에 퇴원 명령을 받고 서울대병원으로 옮겼다. 2주에 걸쳐 비싼 비용이 드는 여러 정밀 검사를 해보았지만, 가망이 없는 상태라는 절망적인 진단을 받았다. 집으로 모시고 가야만 하는 결론 앞에서 나는 집과 가까운 아산병원 신경외과를 예약해 보았다. 당시에는 중환자가 장기 입원할 수 있는 재활병원이 없었다. 종합병원에서 퇴원하면 가정간호사 제도를 이용해 집에서 투병해야 했다.

지푸라기라도 잡고 싶은 심정으로 아산병원에 어머니가 입원할 수 있기를 바랐지만, 신경외과 선생님은 차가운 얼굴로 내 질문에 짧게 답하며 입원이 안 된다고 했다. 사정해도 소용없는 매몰찬 공기에 나는 인사하고 진료실을 나왔다. 내가 대기업 오너나 임원의 자녀였다면, 엄마가 이 병원의 모체인 대기업의 사모님이었다면 이 병원 특실로 어머니를 VIP로 모실 수 있을 거라는 생각에 이르자 숨이 막혔다. 그러나 아산병원에서의 그 짧은 시간은 내 고통의 터닝포인트였다. 그 숨 막히는 고통 중에 깨달은 것이 '앞으로 더는 왜 라는 질문을 하지 말자!'였다.

'왜' 내 어머니에게 이런 일이 생겼을까?
'왜' 우리 집은 돈이 없을까?
'왜' 나는 의대생이 아닐까?
'왜' 상황은 조금도 나아지지 않고 절망의 연속일까?

이런 '왜'는 내 마음을 중병에 들게 하고, 어머니의 유일한 아들로서 고통을 짊어지고 나아갈 힘을 소멸시켰다. 나는 정신 차리고 앞으로 부딪힐 일들을 해결하는 데 전혀 도움이 되지 않는 '왜'의 질문들을 버리기로 했다. '어떻게' 하면 이 고통을 감당할 수 있을지 솔루션만 찾기로 했다.

안방을 병실로 꾸미고 어머니를 집으로 모시고 와서, 나는 의사와 간호사가 되기로 결심했다. '어떻게' 하면 대기업 사모님보다 평생 광장시장에서 일한 어머니를 VIP로 모실 수 있을까만 생각했다. 의대 출신은 아니지만 하나님께 지혜를 구하며 모든 생각을 어머니 간호에만 집중한 것은 돌이켜보면 내 인생에서 가장 현명한 결정이었다. 마치 엄마가 갓 태어난 아픈 딸을 돌보는 심정으로 나는 이 아픔과 싸워갔다.

아니, 싸우기보다 내 일상으로 받아들였다는 말이 적절하다. 나는 식물인간 상태의 어머니를 누구보다도 세심하고 정확하게 간호하는 아들로 성장했다. '왜'라는 질문을 버리고 '어떻게'를 선택한 뒤, 이런 고통을 경험하지 못한 사람은 알 수 없는 신비한 형통을 경험했다.

어머니가 된 아들의 삶

'왜why'를 '어떻게how to'로 전환한 후

1998년 6월, 지치고 낙망한 심경으로 서울대학교병원에서 밤을 새우며 어머니를 간호했다. 옷을 갈아입으러 잠시 집에 오가는 길에 마주한 젊은 혜화동 거리의 초록빛은 낯설기만 했다. 어머니 발병 후 계절이 두 번 바뀌는 변화를 세 곳의 신경외과 병동의 좁은 보호자 침상에서 뜬눈으로 맞았다. 11월부터 반년 이상 겪은 극심한 고통과 이 젊음의 거리는 너무나도 다른 세계였다.

경희의료원 부인과 병동의 창가 침상에서 그리고 서울대

학교병원의 불편한 응급실에서 며칠 견디다가 겨우 일반병실에 자리를 얻은 뒤 모든 검사를 새로 받았다. 좀 더 진보된 의료에 대한 한 가닥 기대는 그 비싼 검사들의 결과에서 완전히 무너졌다. 국내 최고 병원의 신경외과에서도 가망이 없다고 했다. 주치의 선생님은 내게 조심스레 말씀하셨지만, 나는 슬픈 결과를 예상한 듯 담담히 받아들였다. 별다른 질문도 하지 않았다. 이미 경희의료원에서 모두 들은 얘기였고, 의료진이 해줄 수 있는 게 없다는 진단으로 희망이 꺾이는 데 익숙해져 있었다. 어머니 주치의와 곁에 있던 인턴 선생님들은 내가 퇴원 통보를 덤덤히 받아들이니 오히려 놀라며 안도하는 얼굴빛이었다.

대학원 휴학이 문제가 아니었다. 병실에서 끼니와 수면을 해결하며 어머니께 초점을 맞추고 지낸 길고 긴 시간에 대한 답답함도 문제가 아니었다. 그런 내 앞가림 문제는 문제 축에도 끼지 못했다. 다만 이제 어떻게 해야 하나, 한 가지 질문만이 중요했다. 인턴들에게 긴장감을 주던 권위 있는 주치의 선생님은 사망 진단과 다름없는 어려운 얘기를 내가 인정하고 받아들이자 "보호자님은 어머니를 많이 닮으셨네요" 하며 친근한 말투로 미소를 건넸다. 이어서 "서울대병원에 가정간호 서비스 제도가 있어요. 그 서비스를 신청하고 집에서 간호하는 방법이 있어요"라고 조언해 주었다.

결국 집에서 내가 어머니 주치의가 되어 헤쳐가 보는 방법밖에 없었다. 당시에는 장기 연명 환자가 입원할 수 있는 병원이 없었다. '왜why'를 묻지 않고, '어떻게how to'로 금세 넘어간 것은 이 불행 가운데 축복이었다. 내가 재벌이거나 상급병원에서 근무하는 의사였다면, 하는 가정은 무의미했다. 서울대학교병원이나 집 부근의 아산병원보다 더 좋은 병원의 VIP 병실을 우리 집 안방으로 끌어오는 데 집중해야 했다.

나는 건축을 전공한 공대생이지만 문학을 사랑하는 섬세한 청년이었다. 사람을 좋아했고 고독을 이기는 대화와 글쓰기를 즐겼다. 주변 정리를 깔끔하게 하고 위생에 철저한 편이었다. 남자치고는 매우 꼼꼼하고 치밀한 성격인 것은 케어러Carer로서 환자를 간호하는 데 필수 요소였다. 아무도 내게 식물인간 상태의 중환자를 집에서 간호하는 법을 가르쳐 주지 않았다. 내 지혜의 원천은 하나님께 기도하고 받는 영감밖에 없었다.

병원 침대, 환자복, 석션기, Y거즈 드레싱에 쓰는 의료용품, 평면 기저귀, 팬티 기저귀, 중환자용 휠체어, 열기 소독 도구들을 차근차근 준비했다. 현실적으로 필요한 게 무엇이 더 있을까? 이제 정신력과 체력 그리고 지혜로 임해야 할 싸움이 시작됐다. 이것저것 따질 여유도 없었다. 그저 받아들이고 견뎌야만 했다.

　서울대학병원에서 앰뷸런스에 어머니를 태우고 집을 향한 날은 햇살이 무척 화사하고 무더운 6월이었다. 내 심경은 절망과 고통으로 범벅이 돼 있었다. 그 누구도 나를 이 절망에서 끄집어내 주지 않았다. 지난 몇 달간 함께한 간병인은 매우 사무적으로 집에 도착하기까지 과정만 돕고 자신의 생활로 돌아갔다. 경희의료원에 입원한 뒤 처음 만났을 때와 달리 얼마 뒤 팁과 휴일 수당을 요구했고, 제대로 챙겨드리지 못하면 어색한 기운이 감돌았다. 고통당하는 약자인 보호자에게 간병인은 강자였고, 환자에 대한 애정보다는 수입원으로만 여기는 냉정함에 속이 쓰렸지만 불평할 수 없었다. 문제를 발견하고 조금이라도 건의하면 그만두겠다고 하거나 어머니에 대한 간병 서비스 질 저하로 이어질 수 있어 숨죽여야 했다. 요즘 간병인으로 일하는 분들은 중국에서 오신 분 혹은 탈북민이 대부분이다. 2016년부터 간호간

병통합서비스가 시행되고 있어도 어머니와 같은 중환자가 혜택을 받을 수 없다. 제대로 간병할 수 있는 인력도 없을뿐더러 중환자를 돌볼 수 있는 간병인의 매칭 문제와 간병비 문제 해결을 위한 사회적 대책이 절실하다. 관련 문제로 고충을 몸소 겪어보지 않으면 그 고통을 결코 헤아릴 수 없다. 돌보는 가족의 자기 인생이 무너진다.

1998년 6월, 어머니와 나, 둘만이 안방에 덩그러니 남았다. 지난해 11월 27일 출근하신 어머니가 7개월 만에 의식이 없는 모습으로 집에 돌아오셨다. 전혀 예상치 못한 비극이 눈앞에 펼쳐졌다. 멀쩡히 출근한 어머니의 귀가가 식물인간 상태의 중환자 모습이라니…. 여동생은 어머니가 일하신 동대문 광장시장에 밤 10시에 출근해야 했고, 아버지는 이 현실에 조금도 도움이 되지 못했다. 나는 외로웠다. 어머니의 생명과 고통의 문제를 온통 홀로 지고 있어 힘겨웠고 숨 막혔다. 숨 돌릴 틈조차 없었다. 하루 시간표는 내 손발이 계속 움직여야 하는 일정으로 가득 차 있었다. 처음 1주일은 잠을 잘 수도 음식을 먹을 수도 없었다.

오전 8시에 경관식 죽과 약을 드리는 것으로 시작해 액체 상태의 죽을 하루 여섯 번 데워서 레빈튜브(콧줄)에 넣어 드려야 했고, 식후 30분마다 가루약 세 가지를 물에 타서 주사기로 넣어 드렸다. 수시로 석션기를 가동해 목의 가래와 이물질을 뽑아내야 했다. 기저귀도 얼마나 자주 갈아야 했는지 모른다. 누워 계신 자세를 수시로 바꿔 드려야 했고, 이 체위 변경과 석션으로 한순간도 편히 잘 수 없었다. 심지어 화장실도 마음대로 못 갈 만큼 어머니 숨소리에 귀 기울이며 간호했다. 식사는 국에 말은 밥으로 젓가락질 없이 수저로 빨리 입에 넣어 삼키다시피 했다.

첫날은 빵으로 시장기를 겨우 때웠다. 레빈튜브로 어머니 죽을 넣어드리는 동안 내 처참한 현실과는 너무나 다른 창밖의 햇살이 눈에 들어왔다. 갑자기 절망감에 눈물이 주룩주룩 터져 나왔다. 잠시 어머니 침상에 기대어 잠이 들면 모두 꿈이기만을 간절히 바랐다.

문제는 집에 온 다음 날 아침에 터졌다. 나 혼자서는 익숙하지 않은 침상 목욕법으로 처음 어머니를 씻겨 드렸는데 그만 감기에 걸리셨다. 아침에 잰 어머니 체온이 너무 높아서 물 온도를 낮게 하여 씻겨 드린 게 화근이었다. 곁에서 보조해 줄 사람이 없으니 너무 장시간 피부가 미지근한 물에 노출되었다. 말을 못하시는 어머니는 열이 나는 데다가 추위까지 겪은 셈이다. 괜히 목욕까지 도전했다는 자책감을 느낄 틈조차 없었다. 어머니 목에서 가래가 폭발하듯이 터져 나오는데 계속 석션기로 빨아들여도 진정되지 않았다. 그때 동생이 가게에서 퇴근했다. 녹초가 되어 울고 있는 내 곁에 왔다. 어머니가 해오신 가게 일을 하고 귀가해서 이 상황을 접한 동생은 침착했다. 동생은 약상자에서 타이레놀을 꺼내 빻아서 물에 타 왔다. 나는 동생에게 받은 타이레놀을 어머니 콧줄에 넣어드렸다. 감사하게도 점차 가래가 잦아들고 어머니도 천천히 잠이 드셨다. 한숨 돌렸지만 그날 아침의 공포는 잊지 못할 기억으로 남았다. 동생은 새벽 장사 출근을 위해 자기 방에 자러 들어가고 나는 다시 홀로 식사, 투약, 체위 변경, 석션, 기저귀 교체 등의 일들을 했다. 과연 내가 감당해 갈 수 있을까? 언제 끝날지 모를 이 현실은 거대한 납덩이가 온몸을 내리누르고 쇠사슬에 결박되는 듯한 고통으로 덮쳐 왔다. 나는 꼼짝할 수도 없었고 거부할 수도 없었다. 물에 빠진 아기를 보고 뛰어든 수영 못하는 아비의 심정이었다.

그러나 그 첫날의 끔찍한 경험은 훗날 20년의 간병 기간에 두고두고 약이 되었다. 나는 아침마다 조심스레 어머니 목욕을 시켜드리는 일을 하루도 거르지 않았다. 물 온도를 민감하게 체크했고, 외기로부터 보호하기 위해 창문을 꼭 닫고 시작했다. 어머니 체온이 높은 날은 천천히 마사지하듯 상태를 살피며 답답한 침상에서 지내는 어머니 몸을 깔끔하게 보호했고, 관절 상태도 부드럽게 유지해드렸다. 어머니 관절은 매일 오전 침상 목욕과 내가 고안한 물리치료법으로 부드러운 상태를 보존했다.

문제 고통자에서 문제 해결자가 된 나는 새로운 능력, 절실히 필요한 현실 타개 능력을 갖추면서 매일 밤을 새우고 밥을 제대로 못 먹으며 쉬지 못하는 간병 일상이어도 기쁨이 있었다. 자존감도 좋아졌다. 어머니 간호에 전문적인 배움이 없어도 하루하루 새로운 지혜가 더해졌다. 어머니 표정만 보면 왼쪽으로 눕고 싶으신지 오른쪽으로 눕고 싶으신지, 배변에 문제가 있는지, 귀가 가려우신지 모두 느껴졌다. 이 센서는 살면서 내게 주어진 축복 중에 가장 큰 축복이요 능력이다. 갓 태어난 아기의 표정과 옹알이만 보면 무얼 원하는지 알아듣는 엄마처럼 나는 엄마가 된 아들로 새로운 삶을 시작했다. 어머니는 20년 가까이 침상에서 지내는 환자였지만, 가장 위험하다는 욕창을 겪지 않으셨다.

재가 케어 시절 나의 하루

20년 병간호 중 하루도 변함이 없던 청년기의 8년

그렇게 어머니의 엄마가 되어 병간호의 일상이 계속됐다. 어머니는 2017년 10월 14일 새벽에 요양병원에서 돌아가셨다. 어머니가 투병하신 기간은 김영삼 대통령에서 문재인 대통령까지 우리나라의 통치자가 다섯 차례 바뀔 만큼 긴 세월이다. 그 20년 중에 내 평생 잊지 못하는 것은 대학을 졸업하고 세 곳의 병원을 거치며 중환자 간호의 기본을 익히고, 상급병원에서 더는 입원해 있을 수 없다기에 집으로 모시고 온 후 어머니 곁에서 간호한 8년이다.

청년기의 그 8년을 종종 추억한다. 매일 똑같은 하루를 반복하며 자족했고 그 무엇도 부러워하지 않았다. 집으로 어머니를 모셔 와야 한다는 절망의 선고 앞에서 우리 집을 어머니께 제일 좋은 병실로 만들겠다는 목표가 있었고 뜻한 바를 이루어 냈다. 당시 집에서 병간호한 하루하루의 타임 테이블을 소개한다.

아침 8시 전후

밤새 누웠다 일어났다 반복하며 어머니 호흡이 편하도록 가래를 제거(석션)해드리고 기저귀를 갈며 누워 계신 자세를 바꿔드린다. 나는 이불을 덮지 않고 쪼그린 채로 잠깐 눈 붙이는 게 전부다. 귀를 쫑긋 세워놓고 어머니의 작은 숨소리에도 깰 수 있는 풋잠으로 매일 두 시간 정도 잤다. 석션을 제대로 하지 않으면 저산소증에 걸려 위험해질 수 있기에 밤마다 석션과의 전쟁을 치렀다.

아침이 오면 창문을 열고 감사 기도를 드린다. 매일 밤을 새우면서도 견딜 힘을 주신 주님께 감사하며, 평범하게 푹 자고 하루를 시작하는 사람들과 똑같은 힘을 달라는 기도도 함께 드린다. 오전 9시에 아침 죽을 데우기 전에 어머니 팔다리 관절을 펴드리는 운동부터 시작한다. 클렌징 티슈로 얼굴의 기름기를 닦고, 기저귀를 새것으로 갈면서 비누로 엉덩이를 씻기고 물기를 닦은 후 파우더를 발라드린다. 새벽에 쌓인 가래가 많아서 계속 석션을 해야 하기에 부지런히 움직여야 한다. 환자용 죽과 유산균 요구르트 한 병(대략 250킬로칼로리 이상이 되는지 계산한다. 늘 열량을 맞추어 식사를 드려온 덕에 어머니는 걷지 못해 빠진 다리 근육을 제외하곤 체격이 활동하시던 때와 별반 차이가 나지 않았다)을 레빈튜브에 주사기로 넣어드린다.

그즈음 도우미 아주머니가 출근한다. 장기노인요양보험과 요양보호사 방문 제도가 생기기 훨씬 전이라 집안일을 돕는 분을 구해 어머니 간호 보조를 부탁했다. 아침이 준비되는 30분 동안 어머니 옆에서 계속 석션을 하면서 책을 좀 읽다가 아침 약 드리는 시각을 아주머니에게 알려드린 후, 난 거실에서 식사한다. 매일 오전 어머니 목욕시키는 데 힘을 쓰기 위해 반드시 아침을 챙겨 먹는 습관이 생긴 후 내 몸도 단단해졌다.

오전 10시 이후

아주머니가 어머니를 봐주시는 동안 한 시간 정도 인터넷에 들어가 이메일을 확인하고 내 홈페이지에 글을 쓴다.

간병에 관해 묻거나 위로의 말을 듣고 싶어 하는 사람들이 질문이 들어와 있다. 상담도 해주고 댓글에 답글을 올린 다음 지난밤에 든 생각을 정리해 에세이를 한 편 써서 올린다. 내 홈페이지에 새 글을 올릴 때마다 지친 마음이 아주 편안해지고 하루를 더욱 열심히 살아야겠다는 의욕이 생긴다. 그 글들이 훗날 나를 작가로 만들어 주었고 새로운 인생을 펼치게 해주었다.

오전 11시 직전

어머니 구강 청소를 하고 T케뉼라 부근의 Y거즈 드레싱을 한 뒤 목욕을 시켜드린다. 목욕은 병원 침대 위에서 직접 한다. 방수포를 어머니 등 밑에 미리 깔아두고 따뜻한 물을 받아 놓고 머리부터 감겨드리기 시작한다. 감기에 걸리지 않도록 수건을 덮어가며 조심해서 한 부분씩 씻겨간다. 동시에 피부에 이상이 없는지 꼼꼼히 확인한다. 어머니는 식물인간 상태로 오래도록 꼼짝없이 누워 계셨지만 몸에 작은 욕창도 튼 적이 없다.

낮 12시 반 전후

일주일에 이틀 정도는 어머니 목욕을 마친 후 중환자용

휠체어에 태워 손발톱을 다듬어 드리고 침대 시트를 세탁해 놓은 것으로 바꾼다. 두 달에 한 번은 머리도 깎아드린다. 평상시에는 이 시간에 치료와 목욕이 끝나, 새 옷을 입히고 시트까지 뽀송뽀송한 걸로 갈아드린 후 주스 한 잔을 호스로 넣어드리면 하루 일과 중 큰일은 마무리된다.

어머니는 목욕 후 개운한 느낌에 평온한 얼굴로 깊은 잠에 빠지신다. 이젠 나도 땀투성이의 몸을 샤워하고 잠시 휴식을 즐긴다. 병원에서는 잘 씻겨드리지 못해 겨드랑이에 곰팡이까지 끼어 있는 어머니를 두고 혼자 귀가해 샤워할 때마다 죄책감이 들었다. 집에 모셔 온 뒤 아침마다 땀 흘려 어머니를 목욕시킨 후 얻는 개운함으로 얼마나 시원하고 보람이 가득한지 모른다. 나는 날마다 이 시간에 천국을 누린다.

오후 1시 이후

컨디션 조절을 위해 집에서 자전거로 20여 분 걸리는 장로회신학대학교 기도실과 도서관에 달려가 잠시 쉬고 오거나 극장에서 영화를 감상한다. 주일에는 교회에서 예배드리며 영적·정서적인 갈증을 해소하고 산 소망을 얻는다.

절대적으로 잠이 부족하지만, 그렇다고 낮에 잠으로 채우기엔 청춘이 너무 아깝다. 이 꿀 같은 휴식도 아주머니가 안 나오시는 명절이나 휴무일에는 모두 반납해야 한다. 며칠씩 쉬지 않고 밤낮없이 간호에 매달려야 하는 날도 종종 있다. 조용한 곳을 찾아 그렇게 잠시 쉬고 귀가하기 전에 집 근처 슈퍼에 들러 간호하는 데 필요한 소모품 등 어머니께 필요한 것들을 사온다.

오후 5시 반 이후

5시 반까지는 반드시 귀가한다. 도우미 아주머가 퇴근하시고 나면 저녁 간호 준비를 한다. 그래서 5시 땡 치면 꼭 집에 갈 준비를 서두른다고 나는 '울트라맨'이라는 별명과 함께 '신데렐라'라는 별명도 있다. 정해진 시각에 어김없이 집으로 달려간다고.

어머니는 면역력이 약한 중환자이기 때문에 간호하는 난 항상 몸을 청결하게 유지해야 한다. 먼지를 많이 마신 날은 외출 다녀오는 즉시 샤워를 한다. 그리고 핀셋, 가위, 석션 탭 등의 의료 기구를 열기 소독한다. 동시에 저녁 죽과 요구르트 한 병을 호스에 넣어드린다. 이어서 어머니 등 밑의 시트가 구겨져 있지 않은지 점검하며 등을 한 팔로 세워 들고 손바닥으로 골고루 두드려드린다. 옷과 시트가 겹쳐 등이 답답하면 쉽게 열이 오르기 때문에 자주 시원하게 손으로 쳐드린다. 그리고 짧은 시간 안에 식사할 수 있는 국밥을 말아서 얼른 저녁을 해결한다. 저녁 시간 동안 어머니 몸을 침대 위쪽으로 자주 들어 올려서 누워 계신 자세를 편안하게 해드려야 하는데, 이때 힘을 많이 써야 하기에 밥을 많이 먹으면 간호할 때 불쾌한 느낌이 든다. 그래서 배부른 상태가 되지 않으려고 주의한다.

저녁 시간이 되면 어머니는 말똥말똥 눈뜨고 계실 때가 많다. 이때 어머니께 오늘 날짜와 하루 사이에 있던 일들을 들려드리면서 팔다리 관절 운동을 시켜드린다. 구강 청소, 기저귀 갈기 등을 이어서 하다 보면 8시가 된다. 예전에 경험이 부족할 때는, 방광에 찬 소변을 밀어내는 힘이 없어서 자주 소변이 밀려 나와 하루 열 번 넘게 기저귀를 갈았는데, 어느 순간부터는 내가 손으로 어머니 배를 만져 보면 잔류 소변의 양을 느낄 수 있었다. 아랫배 부분을 마사지해서 천천히 방광에 찬 소변을 배출시켜 기저귀 가는 횟수를 줄여갔다. 덕분에 어머니 엉덩이를 자주 씻겨드리다가 생긴 내 손가락 습진도 심해지지 않게 되었다.

이렇게 외출 후 귀가하면 정신없이 몰두해야 할 일들이 꽉 차 있다. 낮에 잠시 쉬는 시간을 보내고 집에 들어올 때마다 깊은 긴장과 부담에 중압감을 느끼지만, 귀가 후 루틴을 다 마치면 평안이 밀려온다. 그러나 그게 끝은 아니다.

저녁 8시 이후

어머니는 이 무렵이면 몸이 부드러워져 편안한 얼굴로 잠드신다. 그때 IMS라고 하는 전기침을 가슴 중앙의 기도와 연결된 부분에 놔드린다. 가래를 줄이고 기관지를 부드럽게 하는 효과가 있다. 어머니 같은 뇌질환 환자는 편안하게 간호해드리면 잠을 많이 주무신다. 나는 어머니 표정만 보면 어느 쪽 방향으로 눕고 싶으신지, 귀가 가려우신지, 대소변이 불편하신지 느낄 수 있다. 하나님은 어머니에게 병 고침의 기적은 주지 않으셨지만, 내게 병 돌봄의 능력은 한없이 부어 주셨다. 어머니가 주무시는 동안 나는 성경을 읽고 독서를 하며 마음을 다스린다.

밤 9시 이후

밤에 배고프실 수 있기에 마지막 간식으로 두유와 오렌지주스를 드린다. 하루 여섯 번 드리는 음식의 마지막 차례다. 오렌지주스는 철분과 비타민 부족을 막기 위해 자주 드리는 편이다. 그리고 어머니 상태를 봐가며, 체력을 키우기 위해 한 시간 이상 운동을 한다. 먼저 20분 정도는 스트레칭을 하여 매번 쓰는 근육만 혹사당하지 않도록 온몸을 늘리고 펴준다. 다음엔 팔굽혀펴기와 윗몸일으키기 등 근육운동을 한다. 방바닥과 장롱 아래 틈을 기구 삼아 땀을 흘린 후 총알 샤워를 한다.

자정 이후

밤새 어머니가 편안히 쉬시기를 바라는 기도를 드리고, 하루를 새로 시작하는 상쾌한 기분으로 밤을 맞는다. 교대 없는 나의 야간 간호 근무가 시작된다. 그렇게 매일 밤을 새워도 끄떡없는 '밤에 피는 울트라맨'으로 8년을 똑같이 살았다. 취직한 친구들이 연애하고 결혼해도, 교회 청년부에서 MT나 수련회를 가도 부러워하지 않았고 자존감을 잃지 않았다. 내 청춘의 8년은 집에서 어머니와 함께한 변함없는 사랑의 시간이었다.

천국대학 사랑학과
의식은 회복되지 않았지만 기적은 있다

집에서 어머니를 간호하며 일상이 완전히 바뀐 어느 날이었다. 교회에서 청년회 소그룹을 같이한 윤하와 잠시 얘기하다가 이런 대화를 나누었다.

"오빠, 어머니 편찮으신 지 얼마나 됐죠?"
"이제 4년 가까이 된 것 같아."
"거의 대학을 한 번 더 다닌 거네요."
"그렇게 됐네. 군대를 다시 다녀와도 충분한 시간이 흘렀구나."

"저라면 교회도 안 나와 버렸을 것 같아요."

"처음엔 그랬지. 중환자실 오가며 절망과 분노로 뒤범벅이 된 채 어느 구석에 처박혀 혼자 시간을 보내기도 했고…."

예배 시간에 그런 생각이 들었다. 군대를 한 번 더 다녀온 것보다 대학을 한 군데 더 다닌 걸로 생각하는 게 낫겠다고. 군대는 힘들고 부자유한 강렬한 기억을 남기지만, 대학은 배우고 애쓰는 학문의 기간이니까. '천국대학'의 '사랑학과'를 새로 다닌 셈 치자. 이미 사랑학에 관한 논문의 개요가 머리에 꽉 차 있었다.

'긴 병에 효자 없다'는 말이 나는 가장 듣기 싫다. '효'는 특별한 사람의 행위로 인식하고 긴 병에는 누구나 물러서는 것을 당연시했다. 장기 중환자로 차도가 없으면 곁에 있는 가족에겐 짐이 되는 세상이다. 간병 살인과 자살 문제도 심각해졌다. 나는 사랑이란 말이 좋다. '쿨한 사랑'이 아닌 '책임지는 따뜻한 사랑'이 좋다. 사랑의 핵심은 책임지는 것과 오래 참음이다. 사랑의 설명은 '언제나 오래 참고'로 시작해 '모든 것을 견딘다'로 맺는다. '책임'감을 지니고 '인내'하는 사랑이 드문 세상에서 나는 사랑의 본질인 그 두 가지를 배우는 대학에 다니고 있다.

오랜 기간 매일 밤을 새우며 간호하다 보면 각종 통증은 자연스럽게 불쑥 찾아온다. 아침에 허리를 펴고 어머니 병상을 정돈하다가 재채기 한 번 해도 허리 근육이 놀라 담이 걸리곤 했다. 요통뿐만 아니라 기저귀 갈 때 양손을 자유롭게 쓰기 위해 목덜미로 어머니 다리 무게를 감당하다 보니 목 관절이 뻐근하지 않은 날이 없다. 그 바람에 목둘레가 상당히 굵어졌다. 관절과 호흡기 모두 한계 이상의 고통을 달고 산다. 숨이 막히고 몸이 움직여지지 않는 날에도 쉴 수가 없으니, 견디기 위해 천천히 스트레칭하며 몸 상태를 진단하고 체력 관리를 한다. 그래서 내가 고통을 견디기 위해 즐기는 시간이 스트레칭과 글쓰기다. 매일 아침저녁으로 하는 스트레칭은 몸을 보호하고 글쓰기는 마음을 치유한다. 어머니 덕분에 철저한 자기 관리 습관을 얻었다.

어머니는 내가 집에서 간호한 지 석 달이 지나자 다시 월경을 시작하셨다. 병원에서 9개월 넘게 간호할 때 어머니가 생리를 하시는 것을 본 적이 없다. 발병 후 만 50세를 맞으면서 폐경이 된 줄 알았다. 그런 쪽에 아는 것이 없고 의식이 돌아오는 데만 신경을 썼다. 1998월 6월에 집에 모시고 와서 안방을 병실로 꾸민 뒤 내 힘으로 간호하기 시작한 뒤로 가을 무렵 기저귀를 가는데 갑자기 혈흔이 나오는 것을 보고 깜짝 놀랐다.

처음에는 혈루인 줄 알았다. 성경의 복음서에 나오는 혈루증 여인이 떠올랐다. 예수님 옷에 손을 대는 순간 병이 나은 그 여인처럼 어머니에게 심각한 병이 찾아온 걸까. 여동생과 가정간호사님을 통해 나는 어머니가 폐경에서 다시 생리를 시작한 것을 알았다. 매주 한 차례 방문하는 가정간호사님은 어머니 신체기능이 좋아져서 생긴 것이며 신기한 현상이라고 얘기해 주셨다. 재택 간병 환자 중에 상태는 가장 심각하지만 관리는 가장 뛰어나다며, 이런 현상은 호플리스Hopeless로 퇴원하는 환자 가운데 처음 보는 경우라고 했다. 얼마 뒤 서울대 가정간호팀이 오셔서 특별한 사례로 취재해 가셨다.

어머니는 갑자기 쓰러지셔서 움직이지 못하고 한마디 말도 못하는 중환자가 되신 후 1년 동안 월경이 없다가 다시 시작한 뒤 2004년 2월 장기 입원이 가능한 재활병원에 모시자마자 다시 폐경이 되셨다. 7년을 건강하게 매달 마술에 걸리셨다. 재활병원에 모신 후 집에서 내가 매일 간호해드리는 상황과 달라진 것이 못내 죄송했다.

생리하시기 직전, 어머니는 늘 컨디션이 안 좋아진다. 열도 오르고 뭔가 답답해하시는 것을 느낄 수 있었다. 우리 모자는 한 몸이나 다름없어서 어머니의 모든 상태는 내 몸에 전달된다. 의식이 없는 중환자의 고통을 함께하며 내게 어머니의 필요를 느낄 수 있는 센서가 생긴 것은 큰 축복이다. 막상 생리가 시작되면 어머니 컨디션은 안정되고, 3일 정도 지나 마칠 무렵엔 얼굴빛이 아주 고와지신다. 내가 궁리하고 고안해 낸 죽을 드신 뒤부터다. 생리 양도 많아 밤엔 기저귀와 패드를 넉넉하게 깔아서 시트에 새지 않게 조심한다.

그런데 평소보다 더 신경을 쓰는 부분이 있다. 새벽에 몇 번씩 기저귀를 갈 때 맡는 냄새는 평소와 전혀 다르다. 생리혈과 소변이 뒤섞여 풍기는 악취를 감수해야 한다. 그걸 며칠씩 그것도 잠깐 눈 붙이다 벌떡 일어나는 새벽에 맡을 때 나는 사랑을 묵상한다. 얼굴을 어머니에게 가까이 대고 기저귀를 뽀송뽀송한 새것으로 갈고 베이비분을 바르고 싱그러운 아기 피부로 바꾸면서 나는 코를 막거나 고개를 돌리지 않는다. 내겐 결코 고약한 냄새가 아니다. 사랑하니까!

사랑하니까

사랑하니까 그분의 몸이 아프면 내 마음이 더 아프다.
사랑하니까 그분의 몸에 냄새가 나면
내 마음엔 향기로 다가온다.
그분은 향기롭게 되고 난 거룩한 땀 냄새로 얼룩진다.
사랑하는 사람이 갑자기 아프면
더 곁에 머물러 함께하는 시간이 축복이다.

사랑받고 싶고 사랑하고 싶다며
아픈 사람을 두고 떠나기도 하고
아픈 부모를 서로 떠넘기기도 한다.
형제가 한두 명 더 있었으면 좋겠다는 생각을 해왔는데
형제 많은 집이 서로 떠넘기고 싸우다가 소란스럽게 하여
혐오감을 주기도 하더라.

매달 어머니 월경이 끝나면
중환자 휠체어에 안전벨트를 채워 태워드리고

침대 시트를 깨끗한 걸로 싹 갈고 나면 내 마음도 환해진다.
조심해서 번쩍 어머니 몸을 들기 위해 길러놓은
팔뚝의 힘이 제 몫을 다하는 날이다.
담 걸린 등이 불편하지만 그 정도는 문제 되지 않는다.
컨디션에 상관없이 늘 해오던 일을 하는 데 익숙해졌다.

하나님은 컨디션과 상관없이 늘 동일하시다.
깨끗한 마음의 새 옷으로 갈아입혀 주시고
큰 위험에서 번쩍 들어 올려 주신다.
그분이 흘리신 땀의 양을 다 합쳐 보여 주신다면
노아의 홍수가 다시 날지도 모른다.
내가 고통을 겪는 동안 더 평안하도록 돕는 분이시다.

마음 아픈 가운데 곁에 머무르며 돌보시는 까닭은
사랑하시기 때문이다.

바느질과 파란 구두

환자복과 파란 구두를 꿰매며 얻은 유쾌한 메시지

신병훈련소에 가면 이름 대신 사용할 번호가 새겨진 명찰을 준다. 바늘과 실도 준다. 조교들은 짧은 시간을 주고 옷에 달라고 명한다. 지금은 종영된 MBC 예능 〈진짜 사나이〉를 봐도 훈련소에 첫발을 내디딘 남녀 연예인들이 모두 그 바느질 장면에서 버벅거리며 방송 분량을 채울 만큼 가족과 떨어진 뒤 갖는 군대의 강렬한 첫 경험이다.

나는 바느질 솜씨를 타고났다. 엉성한 바느질 때문에 훈련 중에 자주 터져 나가던 동기들에 비해 내 옷의 명찰은 거의 오버로크 수준의 깔끔함을 자랑하며 왕튼튼 달려 있었다. 훈련소 퇴소식 때 면회 오신 어머니가 군복 가슴에 달린 내 명찰의 바느질 솜씨를 보고 놀라셨다. 그때 허리를 뒤로 젖히며 크게 웃으시던 엄마 모습이 생각난다.

아침마다 깨끗하게 빨아 놓은 어머니 옷을 입혀드릴 때 옷의 팔 부분을 먼저 적당히 접은 뒤 한쪽 팔을 먼저 넣고 등을 들어서 옷자락을 밀어 넣은 후 반대편에서 옷자락을 당겨 남은 한쪽 팔을 넣는다. 그래서 옷의 목덜미 부분이 당김을 견디지 못하고 잘 찢어졌다.

여름엔 모시메리를 입혀드리지만 부드러운 면 소재의 앞단추가 있는 환자복은 새로 사기도 뭐하고, 자꾸 해어지도록 둘 수 없어서 시간을 내어 촘촘히 바느질을 하고 약해 보이는 단추도 실로 보강했다.

어머니 간호하던 시절 가장 오래 신은 파란 구두는, 맑은 물에 파란 물감을 풀어놓은 것 같은 새파란 에나멜 구두다. 처음 이 구두를 신고 교회에 갈 때 "이런 걸 어떻게 신고 다니냐? 십 대냐? 그것도 교회에서…"라고들 할까 봐 조심스러웠다. 하지만 달리 신을 신발도 없었기에 눈 딱 감고 신고 갔다. 예배 마친 뒤 점심을 들기 위해 본당 앞쪽 식사 배식하는 줄에 서 있는데, 내 구두를 본 청년회 선후배들이 자꾸 웃었다. 좀 민망해지려는 찰나, 줄 뒤쪽에 서 계시던 목사님이 다가와 건네신 말씀이 있다. "교진이가 마음이 다 치유되어 아주 밝아졌구나!"

목사님은 내가 어머니의 생명을 지키며 책임을 다하려는 모습에 늘 격려와 기도로 응원해 주셨다. 축 처져 있지 않고 톡톡 튀는 패션과 밝은 표정으로 교회에 나와 생기 있게 살아가는 모습에 큰형님처럼 기쁘게 맞아 주셨다. '하하, 그래요. 마음이 계속 상처투성이면 누가 파란 구두 신고 다닐 수 있겠습니까?'

사실 파란 구두는 단순히 튀는 패션을 좋아해서 산 것이 아니다. 어머니 병간호에 집중하며 돈은 없고 신발은 다 떨어진 시기, 그러니까 IMF 여파로 중소기업들이 줄줄이 도산해 가던 1999년 봄이었다. 강변테크노마트 1층에서 매일 중소기업 상품을 헐값에 판매하는 이벤트가 열렸다. 우연히 들렀다가 한구석 매장에 사람들이 모여 있기에 다가가 보니 꽤 이름이 알려진 브랜드 신발이 떨이로 팔리고 있었다. 제법 멋지고 고급스러워 보이는 부츠도 무조건 한 켤

레 1만 원이었다. 이때다 싶어 내 발에 맞는 사이즈를 열심히 찾았지만, 표준 사이즈는 이미 품절이었다. 아쉬움에 그냥 돌아서려는데 모퉁이 아래 칸에 새파란 게 눈에 띄었다. 꺼내 보니 힙합 스타일의 문제의 그 파란 구두다. 신어 보니 딱 맞았다. 앞도 뭉툭하니 넓어서, 안방마님의 영원한 로맨스 상대인 마당쇠 발인 내 발에 무척 편했다. 디자인과 색깔이 조금 걸리긴 했지만, 순전히 싼 맛에 샀다.

파란 구두를 신고 외출하면 시선이 아래로 떨어지고 신경이 쓰이기도 하지만 나만이 느끼는 유쾌함에 흥이 나기도 한다. 지나가는 사람들 시선도 마치 매력 넘치는 사람(?) 쳐다보듯 내 구두에 머문다. 처음 신고 교회에 갔을 때 뜻밖에도 목사님이 격려해 주신 덕에 용기를 얻어 누가 쳐다보든 말든 용감하게 잘 신고 다녔다.

그런데 사고가 났다. 싸구려는 싸구려인지, 신고 다닌 지 일주일도 안 돼 신발 등의 실밥이 모두 터져 버렸다. 구두 수선점에 맡기려고 알아보니 수선비가 3만 원이었다. 구매가보다 세 배나 비싼 값을 내고 수선하는 것은 아니다 싶어 바늘통을 열고 한번 꿰매어 봤다. 손가락에 피가 나고 바늘 한 개를 부러뜨린 후 내 손으로 말끔하게 수리해서 한 시간

만에 파란 구두를 완전히 부활시켰다. 그 후 4년이 지나는 동안 아무리 막 신어도 떨어지지 않는다. 특유의 광이 나서 닦으면 더 튀어 보이므로 일부러 먼지 앉아도 안 닦는다. 타고난 광택 덕분에 여전히 거리에서 사람들 눈길을 끄는 파란 구두는 내게 '연예인 구두'가 되었다.

교회에서 나의 파란 구두를 보는 사람들 반응은 대략 세 부류로 나뉜다. 첫 번째, 인제 그만 신고 버리라며 구두 티켓을 선물하는 사람들. 네 장 정도 받았다. 계속 신고 다니면 나중에 구둣가게도 차릴 수 있을 것 같다. 가끔 농담으로 한 백 장 받아서 이다음에 우리 딸 시집도 보내고, 가세도 일으켜 보겠다고 떠들고 다닌다. 명절이나 도우미 아주머니 휴가 때 우리 집에 와서 도와준 교회 동생들 혹은 엄마 가게 일로 고생하는 여동생에게 선물로 건넸다. 주일 아침 파란 구두 신고 교회에 가려고 구두끈을 맬 때면 티켓 선물한 사람들 얼굴이 눈앞에 아른거린다. 날 생각해 주는 분들에게 미안한 마음이 들지만 그냥 신고 다닌다. 두 번째, 멋지다고 칭찬해 주는 사람. 속으론 무슨 생각을 하는지 잘 모르겠지만, 멋지게 봐주니 힘이 난다. 근데 너무들 크게 웃으신다.

값싸지, 안 떨어지지, 이보다 좋은 구두 있으면 나와 보라고! 세 번째, 아무 반응도 보이지 않는 사람들. 놀리고 핀잔 주지 않는 것만으로도 감사, 또 감사다.

이 구두는 처음 만나는 사람과 약속할 때 아주 유용하다. 한번은 월간지 〈낮은울타리〉의 기자가 인터뷰하고 싶다고 전화로 약속을 잡았다. 신촌에서 만나기로 했는데 나는 미리 귀띔해 드렸다.
"저 파란 구두 신고 가요. 금방 알아보실 수 있을 거예요."
결국 그 기자 분과 나는 아주 쉽게 만났다. 이 새파란 구두 덕분이다.

· · ·

구입한 지 일주일도 되지 않아 실밥이 다 터져 나간 구두처럼 내 몸과 마음도 멀쩡하다가 자주 고장 난다. 별 쓸모가 없어 버려져도 상관없을 만큼 부실하다. 약한 부분은 너무나 많고, 고통이 가해지면 견디지 못하고 쉽게 허물어진다.

그런데!

만 원짜리 구두도 버리기 아까워 직접 고쳐서 신을 때면 이전보다 더 사랑스러운데, 예수의 피 값을 치르고 나를 구원한 하나님은 나를 얼마나 사랑하시겠는가. 지금까지 내가 연약해 쓰러지려 할 때마다 참을성 있게 줄곧 수선해 주셨다. 나는 고장 나기 전보다 더 쓸모 있는 모습을 얻었다. 버려져도 될 만큼 엉성한 존재가 제대로 고쳐져 가치 있는 삶을 살아갈 때 그분은 나를 더 귀하게 보듬어 주실 것이다. 아주 작은 투자에서 손해를 봐도 아까운데, 아들의 생명을 주고 택한 자녀를 그분은 절대로 버리지 않으실 것이다. 약한 부분은 꿰매고 보강해 더 강하게 바꾸고, 바른 목적의 삶을 향해 갈 때 변함없는 큰 사랑으로 감싸 주실 것이다.

세상은 갈수록 스펙과 실력을 중요시하지만, 가난하고 약한 자신을 있는 모습 그대로 드러내어야 존귀함을 얻는다. 가난함과 연약함에서 하나님의 능력은 때로 놀랍게 나타날 것이고, 그분의 보호

에 힘입은 나는 더 강해지고 사랑받기에 합당한 모습이 될 것이다. 바느질 후 제 몫을 더 튼실하게 해내는 환자복과 파란 구두처럼 내 인생은 자주 수선받고 더 선한 가치를 추구할 것이다. 고장 날 때마다 그 결핍을 채우는 분이 계시기에 끝이 보이지 않는 어두운 터널 속에서 생기 있게 걸어갈 수 있다.

결핍은 나를 움직이게 하는 동력이다. 어둡고 고단한 인생길에서 나는 유쾌한 일들로 파란 희망을 일구어 간다. 내일은 오늘보다는 좋은 날이 오겠지 믿으며, 하루하루 치열하게 살고 있다. 내일 일을 모르는 게 얼마나 감사한지 모른다. 1997년 11월 27일 그 새벽에 보호자 각서를 쓰고 수술실로 어머니를 들여보낸 뒤 차가운 수술실 철문 앞에서 기도했을 때 "교진아, 내가 네 어머니를 살릴 거야. 그런데 너는 식물인간 상태의 엄마를 오랜 세월 책임지고 돌봐드려야 해. 20년은 걸려" 하고 미래의 일을 알려 주셨다면 나는 그 자리에서 쓰러졌을 것이다. 무슨 일이 다가올지 아무것도 알 수 없는 내일을 소망하기 때문에 나는 오늘 하루를 견디고 20년을 견딜 수 있었다. 미리 다 알았다면 하루도 못 견딜 날이 차곡차곡 쌓여 갔다.

1년, 5년, 10년, 그리고 20년이 흐른 그 세월의 이야기가 사람들에게 특별한 이야기가 되었다. 어머니는 낫지 않으셨지만, 우리 모자의 사랑이 메마른 세상에 소중한 메시지가 되어 아픈 사람들을 위로하며 보듬을 줄은 몰랐다. 그 어떤 고난도 의미 없는 고난은 없다는 것을 알아 갔고, 유쾌하게 감당해 가는 나 자신이 조금씩 성장하며 살아냈다는 사실을 대중과 나누는 시간을 맞이했다.

첫 번째 가족사진

어머니 의식을 잃기 보름 전에 찍은 소망의 선물

우리 집 거실 벽에 걸려 있던 가족사진을 찍었을 때가 어머님이 쓰러지시기 보름 전(1997년 11월 초)이다. 보름 후 어머님이 뇌출혈로 쓰러지셔서 20년간 의식 없이 누워계실 줄 상상도 못했다. 그날 사진관에서 우리 네 식구는 너무나 단란하고 건강한 모습으로 가족사진을 찍었다.

처음 가족사진을 찍자고 의견이 나온 뒤 이 사진을 찍는 데 무려 2년이 걸렸다. 많지도 않은 네 식구 모이기가 그렇게 어려울 줄이야. 내가 시간이 되면 동생이 안 되고, 동생이 되면 내가 안 되고…. 남매 둘이 번갈아 가며 속을 썩인 후 겨우 모여 찍은 사진이 훗날 유일하게 어머니 모습을 그릴 보배로 남았다.

그때 가족사진이라도 남겨두지 않았더라면 큰 상실감이 남았을 것이다. 큰일이 있을 것을 앞두고 미리 가족사진을 찍게 해주신 하나님께 감사하다. 병실에 계셨을 때 작은 가족사진을 액자에 넣어 어머니 머리맡에 걸어두었다. 지금 그 작은 가족사진은 시집간 동생의 집에 걸려 있다.

울트라 교진은 부모님 중 누구를 더 닮았을까? 난 부모님 얼굴 중 못생긴 부분만 골라서 빼닮았다. 쌍꺼풀이 크게 두 겹이나 되는 예쁜 엄마 눈을 안 닮고 날카로운 아버지 눈을 닮았다. '황코'라는 별명까지 있는 오뚝한 친가 쪽 코를 안 닮고 평면적인 외가 쪽 코를 닮았다. 게다가 입은 양쪽 합쳐 놓은 것처럼 커서 사진 찍을 때 웃지 않는 편이다. 할리우드의 줄리아 로버츠, 한국의 노홍철, 봉태규처럼 입 큰 배우가 인기리에 활동하는 거 보면 흐뭇하다.

어머니는 내가 어렸을 때부터 우리 아들 나중에 눈썹 심어 주고 코를 수술시켜 준다고 장난스레 얘기하곤 하셨다. 짙은 눈썹과 오뚝한 코 만들어서 인물 나게 해줄 거라고…. 어머니 팔과 어깨 관절을 풀어드릴 때 가끔 눈빛이 맑으셔서 내 얘기를 들을 수 있으리라 감지되는 시점이 있다. "근데, 저 언제 숯댕이 눈썹 만들어 주실 건가요? 엄마!" 하고 물으면 어머니는 입가에 쓰윽 미소를 지어 내게 환한 얼굴을 보여주신다. (코는 바라지 않아도 눈썹은 은근 바라고 있다. 여름에 땀 흐르면 눈 안으로 직방이라 람보처럼 머리띠를 자주 두르고 간호한다. 멋으로 하는 것이 아니라 눈썹 구조상. 흐흐^^)

가족사진에 있는 내 얼굴은 눈썹이 그런대로 진하게 나왔다. 사진 찍던 날, 머리와 옷매무새를 단장하는 코너에서 어머니가 펜슬을 잡고 웃으며 내 옅은 눈썹을 숯댕이 눈썹으로 그려 주셨기 때문이다. 내 얼굴에 펜슬로 닿던 어머니의 그 손길이 너무나 그립다. 하지만 믿는다. 이 험한 세상이 아닌, 하나님의 거처에서 우리 가족은 현실에 남은 가족사진보다 훨씬 행복한 모습으로, 지극히 크고 영원한 영광을 지닌 얼굴로 다시 사진을 찍을 그날이 오리라고.

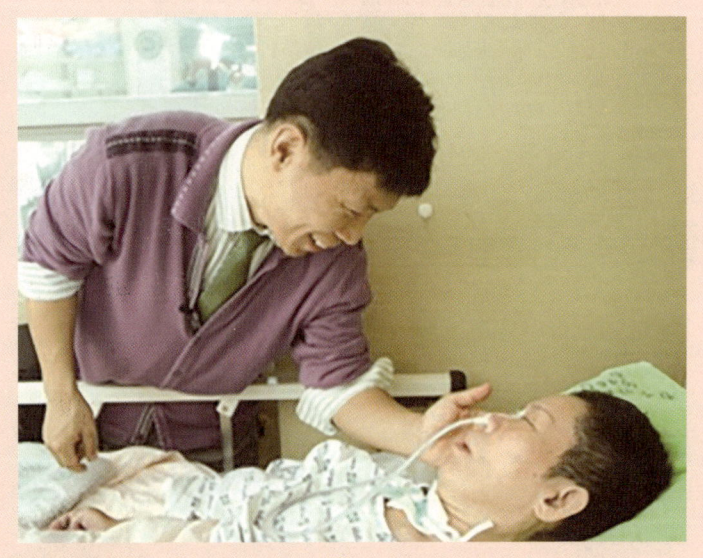

요양병원에서 할 수 없는 간호,
하지 않는 간호를 직접 해드리고 나면 편안하게 주무시곤 했다.
아기처럼 잠든 엄마의 얼굴에서 기쁨을 느꼈다.

2부
어머니와의 추억

입시를 치를 때의 기억
어머니와의 다정다감 에피소드 1

준중환자실에서는 보호자가 직접 간호해야 했고 여의찮으면 간병인을 써야 했다. 간병인이 정해질 때까지 정신이 없었다. 간병인을 구한 뒤에는 휴무일에 내가 간호해야 했다. 간호 초보였던 그 시절 나는 석션을 배우고 체위 변경도 배웠지만 대변을 치우는 건 미숙했다. 곧 익숙하고 능숙해졌다. 집에서 나 혼자 돌본 시간부터 어머니 대변을 치우는 일은 쉬운 일에 속했다. 오히려 시원하게 배출하신 뒤 내 손으로 깨끗하게 치우고 새 기저귀로 교체하고 나면 마음 깊은 곳까지 개운해졌다.

처음 경희의료원 준중환자실에서 어머니 분변을 보고 당황해 간호사가 도와주지 않으면 어쩌지 못하던 때와는 크게 달라졌다. 간병인은 비닐장갑을 끼고 물티슈로 대충 닦아내지만, 나는 맨손에 물과 비누로 엉덩이 피부가 상쾌해지도록 능숙하게 처리해 냈다. 오히려 어머니가 변비일 때가 괴로웠다. 중환자의 변비 문제는 괴롭고 난해한 문제다. 궁리 끝에 이 문제의 해결책을 찾았다. 변비 해결과 영양 균등을 위해 어머니께 주식으로 들어가는 뉴케어라는 캔 경관식을 바꿔 보기로 했다.

하루 여섯 번의 음식 공급 중 절반은 직접 만든 신선한 죽으로 대신해 보았다. 마침 대형 마트가 집 앞에 새로 열어서 어머니께 필요한 것들을 빠르고 실속 있게 살 수 있었다. 시금치, 우엉, 다시마, 멸치, 당근, 쇠고기, 양배추 등의 재료로 보름 정도 드실 수 있는 죽을 만들었다. 어머니는 이 죽을 드시면서 변비 문제가 해결된 것은 물론이고 피부도 좋아지셨다. 결과적으로 집에서 내 손으로 간호한 뒤 병원에서 들쑥날쑥하던 체온과 혈압이 모두 안정되었다. 대형병원에서 의료진이 못 잡은 바이탈을 비의료인인 내가 케어하며 안정된 것은 기적이었다.

병이 낫는 기적은 없지만, 더 편찮아지지 않고 고통이 없게끔 돌보는 기적, 내 마음이 고통을 감내하고 고통으로 느끼지 않는 기적이 일어난 것이다. 중병이 낫는 기적보다 더 어려운 기적은 마음이 바뀌는 기적이다.

힘든 일이 힘들지 않게 받아들여지는 기적,
용서되지 않는 사람이 용서되는 기적,
웃을 수 없는 순간에 웃을 수 있는 기적,
내일도 여전히 고통스러울지라도 오늘을 치열하게 살며
내일을 소망할 수 있는 기적.
내게 이러한 기적이 일어났다.

3수생 아들을 사랑한 어머니

고등학교 때, 등록금을 기한 내에 내지 못하는 일이 종종 있었다. 다행히 등록금 미납 문제로 따로 불러 엄하게 꾸짖는 담임선생님은 없었다. 종례 시간에 등록금 미납자는 얼른 내라는 말씀에 눈치 보는 정도였고, 항상 그 명단에 내가 있어 위축되곤 했다. 등록금보다 주기가 짧았던 보충수업비 내는 날은 더 곤욕이었다. 《수학의 정석》도 다 풀려면 늘 버거운데 보충수업 교재인 《천재수학》을 굳이 더 사야 하나 싶어 교재 없이 막무가내로 보충수업에 참석했다. 시험 앞두고서야 기출문제를 풀기 위해 겨우 돈을 모아 교재를 사는, 비효율적인 학교생활을 했다. 내신성적은 좋았지만, 정작 입시에서 중요한 모의고사 성적은 엉망이었다. 범위가 정해져 있는 과목에서 점수를 얻는 것은 그런대로 목표치를 이뤄냈다. 그러나 범위가 딱히 없는 모의고사에서는 늘 고전했다.

나는 가난한 집안을 일으켜야 한다는 긴장감과 책임감에 눌려 있었다. 가난과 억압적인 공부에서 벗어나고 싶어 습작 노트를 만들어 감성을 키우는 글쓰기에 집중한 것이 괴로운 학교생활을 버텨낸 힘이 되었다. 그 글쓰기의 힘이 인생을 이끌어 가는 자양분이 되리라고는 생각하지 못했다.

어머니는 내게 미안해하셨다. 수험생 뒷바라지를 못 한다고 여기신 당신의 자책감을 나는 알고 있었다. 그래서 더욱 보란 듯이 명문대에 들어가 안심시켜 드리고 싶었다. 그러나 잔인한 선지원 후시험 제도하에 전기와 후기 분할 합쳐서 다섯 번이나 떨어졌다. 3수 한 뒤 전기대에 떨어졌을 때 어머니는 합격자 발표장인 K대 운동장까지 처음으로 나와 동행해 주셨다. 전날 ARS로 떨어진 사실을 알고 참담한 마음이었지만 말씀드리지 않았다. 추가 합격자 명단에 기대를 걸고 있었기 때문이다. 2지망 추가합격자 명단에도 내 이름은 없었다.

  3수를 할 때 학원비 달라고 말씀드리지 못했다. 혼자서 공부해도 충분하다고 여기고 강남시립도서관에서 살다시피 하며 한눈팔지 않고 공부했는데 결국 국어 주관식 답안지에 이름을 쓰지 않은 대형 실수를 저지르고 아슬아슬하게 떨어지고 말았다. 그래도 그 고독한 3수 시절에 성경 1독을 했다. 가장 절박하고 낮은 자존감의 시기는 나를 기도하게 만들었다.

  어머니는 그날 K대 부근의 썰렁한 카페에서 눈물을 흘리셨다.

  "엄마가 못해 준 게 너무 많아서 네가 고생만 하는구나" 하며 자책하셨다. 나는 실패를 반복하니 의외로 덤덤했다.

  "괜찮아요. 이게 다 제 인생의 약이에요. 후기 분할 모집 대학 중에 잘 선택해서 들어갈게요. 그 길이 내게 더 맞는 길이니까 지금 잠시 돌아가는 거겠죠. 엄마만 힘내시면 돼요."

어머니는 내가 별로 괴로워하지 않으니, 눈물을 닦고 웃으셨다. 그리고 당시로선 큰돈인 20만 원을 주시며 말씀하셨다.

"또 떨어졌다고 기죽지 말고 겨울옷이라도 따뜻한 거 새로 하나 사 입어. 엄마가 같이 백화점에 가고 싶은데 가게에 나갈 준비를 해야 하니 먼저 집에 갈게."

"엄마는 참! 대학도 3수씩이나 해서 떨어진 아들, 뭐 잘했다고…."

난 다섯 번째로 대입 시험에 떨어진 날, 코오롱의 비싼 패딩을 사 입었다.

후기 분할 대학에 지원서를 낸 후 시험 준비하던 그 겨울에 걸프전이 터졌다. 이번에 실패하면 군대에 가야 하는 상황에서 나는 걸프전에 파병 가서 사막에서 근무하는 앞날이 그려졌다. 어머니가 선물해 주신 패딩을 보며, 꼭 저걸 입고 캠퍼스를 누비고야 말겠다는 의지를 불태우며 쉬지 않고 공부했다. 어머니는 안전한 점수대의 지방대에 가라고 하셨지만, 나는 인 서울에 후기 분할로 뽑는 S대의 이과 전공 중 가장 인문적인 성격을 띠는 건축공학과에 마지막 기회를 걸었다. 그리고 합격했다. 길고 고단했던 관문을 지나니 비로소 이제 조금은 쉴 수 있다는 생각에 조용하던 가슴이 뛰었다.

고3 겨울부터 세 번의 성탄절이 얼마나 우울했던가. 진작에 대학생 아들이 되지 못해 죄송한 마음이었지만, 어머니는 너무나 기뻐하며 가게 문도 일찍 닫고 귀가해 축하 파티를 열어주셨다. 서둘러 슈퍼에서 장을 보시다가 손가락이 유리문에 끼어 살이 삐져나올 정도로 크게 다치셨는데도 아픔을 웃음으로 참고 근사한 파티를 마련해 주셨다.

늘 엄마 역할 제대로 못해 미안하다고 하셨지만, 내겐 가장 열심히 살며 인내와 희생을 보여 주신 분이다. 어머니의 삶은 내게 사랑의 교과서이고 은혜로운 설교였다. 나는 그 삶의 메시지를 접하며 어떻게 살아야 할지를 정해갔다. 거듭되는 아들의 입시 실패에도 못났다고 하시지 않고 다 당신 탓이라고 하신 그 눈빛, 내가 실수해도 포근하게 안길 품으로 계신 어머니라는 세계는 거칠고 고단한 일상을 부드럽게 바꾸어 주는 영원한 친정이다.

군 복무를 지날 때의 기억

어머니와의 다정다감 에피소드 2

대학교 1학년을 마치고 겨울방학 중에 입대 영장을 받았다. 당시 나는 3수 후 입학했기 때문에 입대 연기 자격이 주어지지 않았다. 2학년 1학기 개강을 보름 정도 남긴 때 의정부의 보충대에 입소했다. 평발이지만 신체검사에서 현역 대상으로 통과되어 행군 훈련 후 발바닥에 큰 상처가 생겼다. 신병훈련을 마치고 퇴소하던 날 어머니를 만났을 때 누구나 그렇듯 가슴이 벅차올랐다.

광장시장의 어머니 가게 옆에서 일하시는 분이 훈련소

퇴소식에서 찍은 우리 모자의 포옹 사진을 보고 우셨다고 한다. 사진 속 엄마의 세련된 머리칼은 투병하시는 동안 짧은 머리가 되어 있다. 집에서 내가 8년간 간호할 때는 내 손으로 잘 다듬어 정갈한 헤어스타일을 유지해드렸지만, 2004년 재활요양병원에 모신 뒤로는 병원 측에서 머리를 짧게 밀었다.

병원에서 자주 머리를 감겨 드리지 못하니 두피에 피부병이 생기지 않게 하기 위함이다. 나는 어머니가 가장 편안

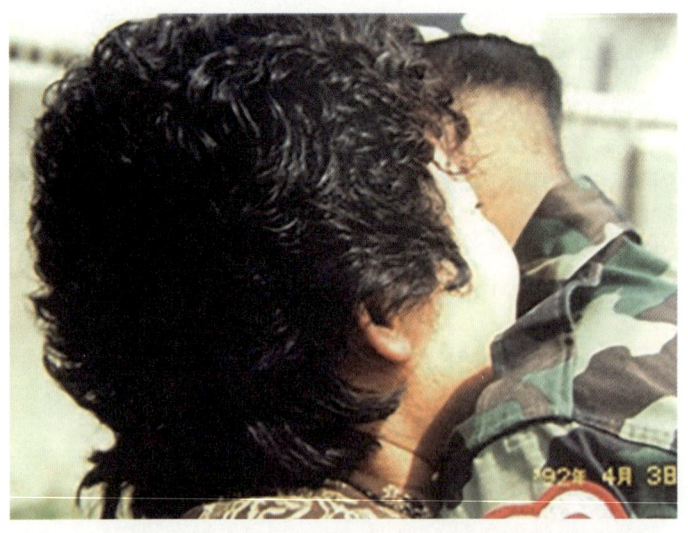

1992년 4월 훈련소 퇴소식 때 6주 만에 만난 엄마와 포옹

하게 지내실 수 있는 간호 노하우를 알아도 곁에서 매일 돌보지 못하는 고통에 답답한 마음을 누르고 직장에 다녔다. 몰라서 답답한 것보다 더 큰 고통은, 알고 있는 것을 활용하지 못하고 참아야 하는 것이다. 신앙의 힘에 전적으로 의존한다는 것이 얼마나 어려운지 경험했다. 믿음은 곧 의존이다.

내가 무기력할 때는 의존만이 유일한 답이지만, '중환자 간호에 최고인 알고 있는 바'를 내려놓고 의존하는 건 불가능에 가깝다. 그 '최고인 알고 있는 바'가 자부심이다. 자부심이 있는 사람은 교만할 수밖에 없다. 객관적이고 넓은 배려, 자기 부족 인식, 다양성 수용, 내가 틀릴 수도 있다는 겸허함을 잃어버린다. 자부심이 상당하면서 겸허함을 지닌 사람을 본 적이 없다. 팬덤에 둘러싸인 사람, 주변에서 최고라며 온갖 찬사만 쏟아지는 중심에 있는 사람, 그런 팬덤과 찬사를 일부러 만들어 놓고 자위하는 사람 등 모두 자부심이라는 틀에 둘러싸여 그릇된 신념과 위선에 갇혀 사는 이가 적지 않다.

욕창과 폐렴 없이 깨끗하고 안정적인 상태로 어머니를

간호해 온 자부심을 버리지 않고 간호사와 간병인과 자주 마찰을 일으켰다면 나는 병원에서 블랙컨슈머 보호자로 찍혔을 것이다. 어머니 간호해 드리러 병원에 도착할 때마다 다짐한다. 나는 아무것도 아니라고. 더 낮아져야 한다고. 어머니 병상에서 수없이 당혹스러워하며 디테일이 부족한 돌봄 현실을 마주해도 간호사님과 간병인께 "수고 많으셨죠? 어머니 보살펴 주시느라 고생 많으셨습니다. 잘 부탁합니다" 인사만 드린다. 내 눈높이를 낮추지 않고 주장하면 대한민국에 어머니를 모실 병원은 한 군데도 없다.

다행히 욕창과 폐렴이 생기지 않게 장기간 케어한 내 눈높이는 현실적으로 낮게 조율되었고, 어머니 케어도 이 이상 해줄 수 있는 병원은 없겠다고 인정한 병원에서 마지막 9년을 보냈다. 집에서 매일 교대 없이 간호하는 일정으로 8년을 함께 있다가 재활요양병원에 모시고 병원에서 할 수 없는 케어를 보충해 가며 지낼 때, 나는 하나뿐인 아들 군대에 보내 놓은 엄마 심정이 자주 떠올랐다.

어떠셨을까?

내가 어렸을 때 부모님은 마산 부림시장의 대형 화재로 가게가 소실돼 경상남도 남지의 외할머니 댁에 나를 맡겨두고 상경하셨다. 내가 초등학교에 입학할 무렵 서울 현저동의 달동네로 이사한 부모님과 같이 지낼 수 있었다. 서대문 영천시장에서 장사하는 어머니 얼굴을 제대로 뵌 날이 없었다. 어머니는 내가 고등학교 때 수업료와 보충수업비, 참고서비를 주지 못하여 몰래 많이 우셨다.

재수, 삼수할 때 수험생 뒷바라지 못해 자꾸 대학에 떨어지게 했다고 미안하다며 펑펑 우시던 모습은 지금도 가슴 아픈 기억으로 남아 있다. 그런 아들 군대 보내 놓고 퇴소식에서 만났을 때 얼마나 가슴이 저미셨을까. 시간이 흘러 병상의 어머니를 보는 내 마음이 꼭 그랬다. 집에서 매일 씻기고 영양죽을 만들어 호스에 넣어드렸던 어머니, 요양병원에서 짧은 머리에 시간이 지나며 앙상해져 가는 팔다리를 보면서 엄마의 마음을 조금씩 느껴갔다.

어렸을 때 1년에 한 번 명절에 나를 보러 내려오시면 외할머니는 왜 그랬는지 모르겠지만, 내가 말 안 듣던 일들부터 엄마에게 말씀하셨다. 어머니는 1년 만에 만나는 아들에게 매부터 드셨다. 돌아보니 그건 할머니 말씀을 안 들어 때린 매가 아니라, 옆에서 돌봐 주지 못한 현실에 대한 자책과 속상함이었다. 나는 1년에 한 번 만나는 엄마에게 왜 맞는지 모르고 호된 매를 맞으며 서럽게 울었다. 그래서인지 자라면서 우울질 기질이 형성되었다. 별로 말이 없고, 새로운 환경에 쉽게 적응하지 못하고, 말로 대화하는 것보다는 글 쓰는 걸 더 좋아했다. 전화받는 걸 두려워했다. 사람들 앞에서 노래하는 건 물론이거니와 내 얘기 하는 걸 극도로 싫어했다. 그런데 지금은 힘들어 하던 대중 강연을 종종 하며 살고 있으니 참 아이러니다. 사춘기 때 빚쟁이들이 집에 전화 걸어 부모 바꾸라고 할 때, 계셔도 안 계신다고 해놓고 그 어른들에게 욕을 자주 먹었다. 당시 내가 가난한 우리 집을 위해 할 수 있는 일은 전화로 욕먹어 주는 거라고 생각했다.

좋은 대학에 가서 세상에 휘둘리지 않고 싶었다. 선지원 후시험 제도의 가혹함에 밀려 입대 영장 나오기 직전에 뒤늦게 입학한 뒤 감사하게도 대학생 선교단체 IVF의 겨울수련회에서 내 자아의 깨어진 모습을 마주했다. 5년이나 신앙생활해 오며 만나지 못한 예수님을 인격적으로 만날 수 있었다. 2학년부터 새로운 자아로 캠퍼스 생활을 하고 싶었지만, 겨울방학 중 통보받은 입대 날짜를 연기할 수 없었다.

1992년 2월 18일, 겨울방학 중에 씩씩하게 군 선교를 하겠다며 입대했다. 어머니는 눈물을 보이지 않으셨다. 나는 군 복무 별거 아니라고 자신 있게 말하면서 짧게 자른 머리를 들이대며 상처 땜통 자국 하나 없이 깨끗하고 건강한 모습으로 키워 주셔서 고맙다고 활짝 웃으며 인사한 뒤 훈련소로 향했다. 어머니는 의정부 306보충대에서 돌아가시던 차 안에서 펑펑 우셨다고 한다. 며칠 후 입대할 때 입은 옷과 신발을 꼭꼭 싸서 보낸 소포를 받으실 때 또 많이 우셨다고 한다. 소포 쌀 때 교관이 절대로 편지나 쪽지 같은 거 써넣지 말라고 명령했지만, 나는 종이를 찢어 잘 있으니 걱정 마시라고 짧게 적어 넣었다.

훈련소에서 6주간의 신병훈련을 받는 동안 어머니께 받은 편지의 일부다.

"사랑하는 아들,
　엄마는 아들이 어려운 상황에서도 남들 받는 과외 한번 받지 않

고 끼니와 건강 문제 스스로 알아서 해결하며 길고 어려운 기간
헤쳐와 대학에 들어간 일이 너무나 자랑스러웠어.
아들은 지금까지 잘해 왔듯이 앞으로도 잘해 낼 거라 믿는다."

군 복무 기간 내내 엄마의 편지가 버팀목이 되었다. 천국에서 우리 모자는 다시 뜨겁게 포옹할 것이다. 아무 말도 못 할 것이다. 그저 눈물만 흐를 것 같다. 이 땅에서 수고한 삶을 뜨거운 포옹 하나로 다 보상받을 것이다.

엄마와의 일상, 그리운 추억들
어머니와의 다정다감 에피소드 3

꽃과 어머니

고등학교 진학 후 셋방살이를 다시 시작했다. 서대문구 현저동의 달동네에서 시작한 서울 생활은 내가 초등학교 4학년 때 암사동의 방 두 칸짜리 이층집으로 이사 오면서 살림이 좀 나아졌다. 하지만 어머니의 고생은 그치지 않았다. 그 집을 팔고 다시 세를 얻어 지내던 곳에서 빚쟁이들이 종종 찾아왔다. 등하굣길에 주변 불량배들을 만나 회수권이나 시계를 뺏긴 적도 있었다.

고3이 되면서 고덕동의 18평짜리 시영아파트로 이사했다. 할아버지, 할머니까지 모시고 살기에는 몹시 좁은 셋집이었고 엘리베이터 없는 저층형이었다. 주변에 논두렁 밭두렁이 있었고 생애 첫 아파트 생활이기도 했다. 연탄불로 난방했고 부엌 벽 아래쪽에 아래로 쓰레기를 버리는 작은 문이 있었다. 겨울에는 물을 끓여서 머리를 감았다.

고3 때 입시 공부로 마음이 힘들 때마다 아파트 바로 옆의 개발제한구역으로 표기된 시골길을 걸으며 생각에 잠기곤 했다. 지금은 고덕동, 상일동 일대가 고급 아파트 단지로 변모해 있지만 당시만 해도 공기 좋은 시골이었다. 나는 입시를 앞두고도 그 시골의 자연 속에서 우울함, 그리움, 고독함을 달래며 홀로 산책을 즐겼다. 꽃과 나무, 논두렁길 등에서 평화를 느끼는 감성이 짙은 까닭은 어머니 때문이란 것을 알았다.

집에 오면 안개꽃에 싸인 노란 프리지어가 담긴 향기로운 꽃병을 볼 수 있는 날이 있었다. 같이 사시던 할머니는 엄마가 아무 쓸데 없는 곳에 돈 쓴다며 핀잔을 주셨다. 중간 상인들을 상대로 하는 험난한 새벽시장 일로 피곤한 하루하루를 견디던 엄마는 집 안 한구석을 꽃으로 장식하면서 자존감을 지키셨다. 적성에 안 맞는 일을 생존을 위해 버티면서도 일상의 여유를 가지려고 노력하신 것 같다. 엄마의 삶의 이유는 나와 동생의 성장이었다.

형편이 좋았다면 꽃병에 싱싱한 꽃이 자주 꽂혀 있었을 텐데, 고작 1년에 한두 번 정도 어머니가 사 오신 노란 프리지어를 볼 수 있었다. 그런 날은 나도 기분이 좋았다. 입시에 대한 중압감, 어머니의 고단함을 그칠 수 있게 살림을 일으켜야 한다는 책임감 등으로 마음 무거운 고교생이던 나는 엄마의 꽃을 보면 중산층이라도 된 듯한 여유가 생기고 밝아졌다.

안개꽃에 싸인 프리지어로 긴장이 풀어지면서 우리 집에도 꽃향기의 여유가 감도는 것에 마음이 포근해졌다. 집에 꽃 한 다발 있는 게 뭐 그리 대단한 일일까. 잠들 시간 없이 힘든 바깥일과 가사를 병행하는 어머니 정서에 마르지 않는 소녀소녀한 아기자기함이 있다는 것이 행복했다. 나는 코를 킁킁대면서 프리지어 향기를 맡고는 데생을 그리는 화가처럼 콧노래를 부르며 꽃병에 한참 시선을 두었다.

그때 용돈을 아껴서라도 예쁜 프리지어 한 다발 사 들고 어머니 품에 안겨드릴 생각을 왜 하지 못했을까? 엄마도 할머니처럼 내게 돈을 아무 쓸데 없는 곳에 쓴다며 핀잔을 주셨을까? 나중에 돈 많이 벌어서 잘 해드려야지 생각하면서도 지금 조그마한 이벤트로 기쁘게 해드릴 생각을 하지 못한 것이 못내 아쉽다.

꽃이 가까이 있으면 해로운 중환자가 된 어머니 곁에서 화사한 안개꽃 프리지어를 한 다발 안겨드리고 싶어도 그럴 수 없다. 다만 어머니 몸에서 환자 냄새가 나지 않도록 깨끗이 씻겨드리며 은은한 향기가 나도록 유지해 드리는 나의 돌봄으로 꽃 한 다발 전해드리지 못한 아쉬움을 대신했다.

안개꽃에 싸인 프리지어는 사랑이다.

엄마의 웃음

집에서 어머니와 대화를 나눌 시간이 별로 없었지만, 가끔 주말에 우리 모자가 마주하는 시간엔 서로 별 얘기 없이 TV 화면만 보곤 했다. 엄마가 광장시장 일에서 잠시 해방되는

날이 주말 오후였다. 엄마는 말수가 적었다.

　의식이 없는 어머니를 간호하며 난 엄마의 표정을 읽을 수 있게 되었다. 옆으로 눕고 싶은지, 귀가 가려우신지, 대소변에 문제가 있는지, 디펜드 기저귀를 갈아야 하는지 등을 나는 엄마의 표정으로 파악한다. 젖먹이 아기의 옹알이를 알아듣는 엄마처럼 나는 식물환자인 엄마와 어느 순간부터 눈빛과 표정으로 소통할 수 있다. 가끔 떠오른다. 다시 어머니와 말로 의사소통을 할 수 있다면 얼마나 좋을까. 그렇게 예전처럼 TV 앞에서 멍하니 있는 시간은 없을 것이다. 아마도 엄마는 고단한 워킹맘이고 자신을 위한 시간은 낼 수 없어서 아들과 있는 시간에 말수가 적었을 거라고 생각한다. TV를 함께 보며 어머니와 많은 대화를 나누지 않았어도 느긋한 자세로 한 공간에서 휴식을 즐기는 것만으로도 더없이 편안하고 좋았다.

　어머니는 예능 프로그램의 웃음을 좋아하셨다. 개그맨 신동엽이나 영화배우 박중훈처럼 입담 좋고 유쾌한 캐릭터에 호감이 있었다. 데뷔한 지 얼마 안 된 신동엽의 "안녕하시렵니까?"에 난 별로 웃음이 나지 않았는데 엄마는 조금도 식상해하지 않고 늘 고개를 아래위로 젖히며 크게 웃으셨다. 박중훈 씨가 여러 남녀 가수로 분장하고 립싱크로 노래하며 춤추는 예능 장면에서는 그렇게 행복한 웃음이 또 있을까 싶을 만큼 좋아하며 포복절도하셨다. 그래서 귀엽고 유쾌한 캐릭터가 TV에 나오면, 부엌에 계신 엄마에게 소리쳐 누구누구 나오니까 빨리 와서 보시라고 알려드렸다. 엄마가 세상만사 모두 잊고 아무 걱정 없이 사는 사람처럼 행복하게 웃는 그 얼굴이 참 좋았다.

2층짜리 쌍꺼풀이 있는 엄마의 큰 눈이 하회탈처럼 가늘어지면서 터져 나오는 명랑한 웃음소리를 들으면 나는 일주일 내내 정서적으로 평안하고 행복했다. 그런 엄마의 웃음이 계속 터지게 하고 싶어서 신동엽 씨 같은 캐릭터에 질투를 느끼고 흉내 내며 연구하고 창의적 개그를 궁리했다. 그래서인지 난 사람들에게 "잘 생겼다", "멋지다"는 소리는 들어본 적은 없지만, "귀엽다", "재치 있다"는 말은 종종 들었다. 그 피드백에 무한히 기뻤다. 엄마를 웃게 하는 아들로 완성돼 가는 중이니 말이다. 나는 재밌다고 생각하며 분위기 띄우려고 해준 말에 사람들이 안 웃고 썰렁한 반응을 보이면, 겉으로는 남들 아랑곳하지 않고 내 말에 혼자 웃으며 얼렁뚱땅

넘어가도, 속으로는 '살아온 게 이것밖에 안 되는군' 하는 좌절감(?)에 빠져든다.

엄마가 좋아한 신동엽 씨처럼 재밌고 귀여운 캐릭터 따라잡기는 집에서 간호하며 이어갔다. 큰 웃음 한방이 여의찮으면 썰렁 개그 여러 개로 될 때까지 웃기려고 애쓰는 나의 꾸준함 때문인지 집에서 간호할 때 엄마는 종종 웃으셨다. 얼굴 신경에 살짝 미소가 돌면 그 표정이 오래 머문다. 집에서 간호해드리던 어느 날 갑자기 내 썰렁한 개그에 웃으시는 모습 보고 곧 회복되시는 줄 알았다. 그러나 가끔 그런 표정을 보여 주시다가 2004년 초 재활병원에 입원한 뒤로는 거의 웃지 않으셨다.

이렇게 뇌신경이 손상된 고통 중에도 웃으시는 엄마를 보고 알게 되었다. 원래 엄마 성품은 명랑하고 웃음이 많았는데 척박하기만 한 일상으로 무표정한 그늘만 남고 웃음이 숨어 버렸다는 것을. 난 간호하면서 엄마의 몸 상태뿐만 아니라 웃음이 돌아오도록 지켜드리고 싶었다. 그래서 간호하면서 내 속 어딘가 숨은 '개그맨의 피 찾기'를 탐구하며 연마했다. 언젠가는 그 큰 눈이 작아지며 엷게 퍼지는 미소에서 폭

소로 상승하는 엄마의 시원한 웃음소리를 다시 듣게 될 날이 올 것이다. 그런 웃음이 돌아올 뿐 아니라 계속 행복하게 웃으시도록 난 재밌고 귀여운 캐릭터가 되려고 주변 사람들을 모르모트 삼아 연구했다.

그 연구는 어머니를 재활병원에 모시고 에세이 작가로 사회에 첫발을 내딛고 출판 편집자로 살아가면서 흔적만 남았다. 가장이 되고 보니 호탕하게 한 번 크게 웃는 게 얼마나 어려운 세상인지 알게 됐다. 무표정한 상태로 하루하루를 보내다 보면 그 옛날 표정 없이 견디던 엄마가 문득문득 떠오른다. 우리 사회는 필사적으로 애써야만 생존할 수 있는 곳이다. 엄마가 필사적으로 애쓰며 나를 키우신 것처럼 나도 필사적으로 애쓰며 가장 노릇을 해가고 있다. 내 아이들은 여가와 웃음을 누리며 자라기를 바라면서….

의식을 잃은 어머니 곁에서
선명해지는 정(情)

후회와 다짐이 교차한 20년 병간호의 시간

편한 운동화를 처음 신은 엄마

1994년 봄에 제대하고 많은 고민에 휩싸인 채 복학 준비를 하던 가을 무렵, 처음으로 가족 여행을 떠났다. 대화 나눌 시간도 없던 우리 모자가 같이 손잡고 국내 어딘가라도 여행한다는 것은 꿈같은 일이었다. 설악산 부근에 콘도를 잡은 1박 2일의 나들이와 다름없었다. 그 여행이 처음이자 마지막 가족 여행이 될 줄은 몰랐다. 딱딱하고 저렴한 구두만 신고 일하러 다녀오시던 어머니는 처음으로 편안한 운동화를 빌려 신으셨다. 설악산 입구의 오르막길을 걸으면서 어머니는 발이 가벼워 날아갈 것 같다며 좋아하셨다.

여러 백화점을 방문해 발품 팔며 다음 시즌 디자인을 파악하면서 숙녀복 도매 일을 하신 어머니 발은 불편한 구두에 많이 상해 있었다. 설악산에 높이 올라가지 않고 중간 지점에 있는 음식점에서 파전을 사 먹을 때 나는 가만히 어머니 손을 잡았다. 운동화 하나에 그렇게 기분 좋아하시던 어머니 표정에 울컥했다. 설악산 풍경을 감상하는 것은 내게도 신선한 경험인데도 눈에 들어오지 않았다. 어머니 손 잡고 걸으면서 괜스레 미안하고 죄송스러운 마음이 감겨왔다. 운동화를 처음 신어 본 어머니, 딱딱한 신발에 상해 가는 발로 가족을 챙기며 살아온 어머니께 평생 편한 운동화만 신겨드릴 순 없을까? 생각했다. 새어 나오는 눈물을 들킬까 봐 두 눈 질끈 감고 몰래 한숨을 지었다.

나는 제대하면 뭐든 잘 해낼 줄 알았다. 무슨 일이든 뚫어낼 송곳 같은 모습으로 사회의 어디라도 찔러대며 들어갈 수 있을 줄 알았다. 복학을 앞두고 몇 달을 지내오며 늘어난 건 두려움과 공허함이었다. 어머니는 가족을 위해 전적으로 인내하며 사시는데, 난 아무것도 아닌 짐인 것만 같

아 무언지 모를 통증이 가슴에 저며왔다.

강릉 바닷가의 방파제에 앉아 오징어회를 몇 젓가락 집어 먹고, 혼자 파도가 쳐 올라오는 바다 가까이 다가가 수평선을 바라보았다. 어머니께 별로 힘이 되어 드리지 못하는 나 자신이 어찌나 초라해 보이는지, 군 복무 마치고 이제 세상에 나왔으면서 왜 이리 시간이 흐를수록 두려움만 차오르는지 자문했다. 그러고는 스스로 답을 내렸다. 채울 수 없는 공허감에 시달리지 말고, 편한 운동화 한번 신어 볼 여유조차 갖지 못한 어머니를 위해 당장 할 수 있는 일에 집중하겠다고. 그 어머니의 모습에서 힘을 얻고 새로운 자신감을 채웠다. 달려갈 목표를 정하고 마음을 다잡아 새벽 배송 알바를 하며 복학을 준비했다.

좀처럼 공허함을 떨치기 어려운 가운데 인생의 좌표를 찾지 못하며 고민했던 시간이 아득하게 느껴질 무렵 내 소명은 분명해졌다. 매일 아침저녁으로 어머니의 상한 발을 따뜻한 물로 씻고 마사지하면서 시장에서 일한 흔적을 찾아볼 수 없는 부드러운 살결로 유지해드렸다. 가끔 엄마 발바닥의 비누 향을 맡으며 내 볼에 비벼 보고 뽀뽀도 했다.

발병 후 병상에서 돌아가시기까지 20년이나 걷지 못하여 근육이 줄어 종아리가 야위어지긴 했지만, 결국 어머니 발에 편한 운동화는 내가 되었다. 내 삶 자체가 어떤 명품 신발보다 좋은 엄마의 신발이 되었으니 얼마나 감사한가.

"엄마! 나를 신고 늘 편안하게 쉬세요. 다리 아픈 거 참으며 피곤했던 발품도 필요 없고, 딱딱한 구두도 신을 일 없습니다. 내가 계속 엄마의 가장 편한 운동화가 될게요."

엄마와 고기 밥상

아주 가끔 엄마의 밥상을 받았다. 대학생 시절, 주말 저녁에 내가 집에 있을 때다. 전공 과목 특성상 학교 부근 작업실에서 밤을 새우며 설계 과제를 했고, 학과 공부보다 더 열정을 쏟은 기독학생회 IVF 활동에다가 주말에는 교회 대학부 모임에 참석하느라 집에 있는 날이 거의 없었다. 그렇게 분주하게 지내다 가끔 집에 머무르던 주말 저녁에 엄마의 사랑이 담긴 밥상을 받으면 평안과 기쁨이 일주일 내내 이어졌다. 없는 살림이었지만 엄마는 한 달에 한 번 이상은 꼭 고기를 구워 주셨다.

일요일에 함께 교회에 갔다가 집에 오면 LA갈비로 점심을 해주신 날이 많았다. 엄마는 곁에서 내 식사를 챙겨 주지 못한 오랜 시간에 늘 미안해하셨다. 그래서 병상의 엄마에게 제일 자주 하던 말이 "나 밥 잘 챙겨 먹고 있어요!"다. 걱정하실 부분이 무엇인지 뻔히 보이니 인사말로 밥 잘 먹고 있다는 얘기부터 한다.

집에서 제대로 자지고 먹지도 못하며 간호할 때 어쩌다 외출하면 친구들이 삼겹살로 한 턱 쐈다. 예전에 어머니와 고기를 먹을 때와 친구들과 먹을 때 큰 차이점을 발견한다. 누군가 고기를 구우며 섬기는 사람이 없으면 고기는 먹기가 참 불편한 음식이다. 가끔 친구들과 고기를 먹을 때 집게를 들고 굽는 역할을 자원하면 맛있게 잘 익은 것보다 탄 부위나 찌꺼기를 먹게 된다. 엄마가 구워 주시는 고기를 먹을 때는 있을 수 없는 일이다. 그렇다고 내 친구들이 이상한 놈들은 아니고.

내가 잘 먹는 모습을 보는 것만으로도 배부르다 하신 어머니, 바깥일 하느라 손수 챙겨 주지 못한 밥상 때문에 늘 미안해하신 어머니, 아들이 잘 익은 맛있는 부위를 먹는 동안 탄 거나 찌꺼기를 들면서도 즐거워하신 어머니, 그 어머니를 위한 병간호의 수고는 아무것도 아니다. 당신을 위해 애쓸 수 있는 시간을 듬뿍 누리고 있어 고맙기만 했다.

간호할 때 나는 엄마의 마음을 생각하며 열심히 잘 챙겨 먹었다. 건강하게 간호할 수 있는 체력을 갖추기 위해 풀만 먹고도 힘센 코끼리를 생각하며 그린 필드의 밥상이라도 만족하며 열심히 먹었다. 삼겹살 먹으러 나오라는 친구의 전화가 오면 절대 튕기지 않고 쏜살같이 나갔다. 그리고 고기는 내가 굽지 않았다!

베스트 인생이란

어머니는 내게 옷을 참 잘 사주셨다. 내가 원하기 전에 멋지고 좋은 옷을 골라서 근사한 코디의 아들로 만들어 주셨다. 내가 무슨 일인가에 시달리며 마음이 힘들던 날 집에 오면, 어떻게 아셨는지 옷 선물로 기분을 바꿔 주신 날이 많았다. 어머니 덕분에 나는 옷을 고르는 방법을 모르고 살 필요도 느끼지 않던 시절부터 베스트드레서 소리를 들었다. 엄마가 집에 계신 날 내가 외출하면 현관에서 배웅하시며 옷차림에 대한 조언을 꼼꼼히 해주셨다. 어깨에 붙은 머리카락을 떼주며 옷매무새와 단추를 매만져 주셨다.

대학 4학년 봄에 건축기사 시험에 떨어진 날, 축 처진 몸으로 집에 와서 책상을 보니 화사한 청바지와 티셔츠 몇 벌이 쇼핑백에 담겨 있었다. 일하시느라 대화 나눌 시간이 별로 없는 가운데에도 내가 살아가는 모습을 그대로 보고 계신 듯 늘 필요를 먼저 채워 주셨다. 한밤중에 아이스크림이 먹고 싶어 무심코 냉동실을 열어 보면 내가 제일 좋아하는 아몬드봉봉이 가득 담긴 큰 아이스크림 통이 있었다. 우리 모자의 기막힌 텔레파시에 탄성을 지르며 달콤한 사랑의 맛을 즐겼다.

나는 주일 아침에 내가 고른 옷차림을 칭찬해 주는 엄마의 눈빛을 느끼며 손잡고 교회 갈 때가 제일 행복했다. 예배당에 착석하자마자 엄마는 길게 기도하셨는데, 일찍 기도를 마친 나는 예배 시작을 기다리는 동안 성경책을 뒤적거리다가 기도하는 엄마 콧등을 손가락으로 슬쩍 건드리는 장난을 치기도 했다. 엄마는 잠시 얼굴을 찡그리면서도 기도를 그치지 않으셨다. 어머니의 그 긴 기도의 응답으로 내 삶은 절망과 얼룩으로 어두워지지 않고 작가 생활, 취직, 결혼의 일상을 얻게 되었다고 생각한다. 이 글을 쓰면서 가치 있게 사는 삶을 고민하는 것 또한 어머니 기도의 힘이다.

내 일상의 필요를 기막히게 채워 주신 어머니를 위해 내가 어머니의 생명을 지키며 필요를 채워 드린 세월이 20년에 달했다. 중년이 된 요즘, 외출할 때마다 코디에 신경을 쓴다. 누가 봐도 힘든 고난을 견딘 사람인 줄 전혀 눈치채지 못할 만큼 유쾌 발랄한 모습으로 코디하는 것을 즐긴다. 어머니가 선호한 스타일이 밝고 경쾌하면서 진중한 내면을 지닌 사람이다. 난 운동을 열심히 하고 밝은 차림으로 사람들을 만나며 유쾌하고 진지한 대화를 나눈다. 경제성, 디자인, 질감 그리고 몇 년이 지나도 유행을 타지 않는 좋은 옷을 사주신 어머니께 영향을 받아, 절제력 있고 은은한 매력을 풍기면서 신뢰하고 소통하는 사람이 되기를 꿈꾼다.

행복은 평안한 가족에 있다. 오랜 시간이 흘러도 싫증 나지 않고 편안하며 부드럽게 잘 맞는 옷과 같은 가장인지 스스로 돌아본다. 때에 맞춰 내 필요를 베스트로 채워 주신 어머니는 지금 천국에서 내가 꿈꾸며 기대하는 모든 일을 지켜보며 응원하실 것이다. 침상에서 내 간호를 받으실 때 좋은 소식을 알려드리면 눈을 세 번씩이나 깜빡거리며 기쁨을 표현하시던 어머니가 그립다. 어머니처럼 나도 아이들을 베스트드레서로 코디해 주고 싶다. 지금 내가 길게 기도할 때 슬며시 다가와 내 콧잔등을 건드리며 장난치는 못된 아들이 자라고 있다.

어머니와 속옷

동화 같은 맑은 삶을 꿈꾸다

뇌수술 후 어머니가 의식이 돌아오지 않은 지 103일이 흘렀을 때다. 중환자실 문밖에서 하루하루 고통스러운 나날이 이어졌다. 도저히 인정하고 싶지 않은, 가슴 찢어지는 상황이 계속 벌어졌고, 해결책이 보이지 않는 길고 긴 터널 안에서 견뎌야 했다. 길고 추웠던 그 겨울 매일 세 번의 면회 시간에 여섯 장의 수건을 삶아 빨아서 얼굴과 손발을 닦아드렸고, 사골을 끓여 어머니 코 튜브로 넣어드렸다. 조금이라도 의식이 돌아오지 않을까 기대했지만 낙심의 연속이었다. 억울하고 답답하기만 한 심정을 해소해 달라고 울부

짖었다. 구의동 혜민병원 중환자실에서 회기동 경희의료원으로 옮기기로 하고 한방치료를 겸했지만 역시 차도는 없었다.

왜 이런 고통이 내 인생에서 필요한 걸까? 난 성경의 고난 받는 욥처럼 의롭지도 않은데. 너무나도 혹독한 현실이 버겁기만 했다. 내가 믿어온 하나님은 어디 계신 걸까? 우리 인생을 세심히 돌보신다는 성경의 메시지와는 조금도 맞지 않는 현실이었다. 고통의 끝이 보이지 않아 신앙의 회의도 깊어만 갔다.

인생의 고난에는 다 이유가 있다고 하지만, 평생 선하게 가족을 섬기고 온갖 힘든 일에도 묵묵히 참고 헌신해 온 어머니를 기억할수록 마음은 울분으로 가득 찼다. 사랑하는 어머니가 눈도 못 뜨신 채 몸에 욕창이 생기지 않을까, 호흡이 갑자기 끊기지 않을까 염려해야 하는 심각한 상황이 이어지는 가운데 불행한 현실을 이길 힘을 찾을 수 없었다. 음식도 호스로 넣어드려야 하고, 호흡도 목의 기관을 절개한 곳에 산소를 공급하는 관을 맞춰 놓고, 수시로 끓는 가래를 석션기로 뽑아내야 한다. 그나마 다행이라면 내가 건강해서 어머니를 돌봐드릴 수 있다는 것, 면회할 때마다 내 손으로 어머니를 씻기고 먹이고 기저귀를 갈아드릴 수 있다는 것이다.

앞에서 말했듯이 어머니는 내가 지쳐 있고 힘든 상황일 때 기분 전환하라며 옷 선물을 자주 해주셨다. 대학 4학년 봄, 건축공학과 졸업작품과 건축기사 시험 준비로 분주할 때 백화점에 같이 가자고 하셨지만, 나는 시간을 내지 못했다. 집에도 거의 못 들어오고 학교 부근의 설계 작업실에서 촌각을 아끼며 졸업작품 준비에 몰두하고 있었다. 기사 시험에 떨어지고 낙심해서 집에 왔는데 나는 알지도 못하는 브랜드의 멋진 새 옷이 여러 벌 책상에 놓여 있었다. 기사 시험 떨어진 것을 말씀드리지 않았는데도 기운 내라고 위로해 주셨다. 늘 그렇게 내가 뭔가 힘든 일을 겪을 때면 텔레파시라도 통한 듯 가슴 설레는 선물을 안겨 주셨다. 매일 잠깐 주무시고 심야에 광장시장에 나가 장사하시는 어머니와 나는 말없이 통하는 사이였다.

"공부도 못하고 기사 자격증도 못 따는 아들이 뭐 좋다고 이런 좋은 선물을 사줘요?" 하면 어머니는 반달 모양의

눈으로 웃으시며 말했다.

"공부 잘한다고 아들이고 공부 못 한다고 아들 아니냐?"

갑자기 중환자가 된 어머니의 100일 넘는 투병 세월 동안 어머니 부재를 집안 곳곳에서 마주했다. 청소, 빨래, 설거지를 모두 해결하면서, 일인다역을 해 오신 어머니 손길이 얼마나 위대한지 새삼스레 깨달았다. 하루는 낡은 속옷을 그대로 입고 있는 자신을 발견했다. '이제 내 손으로 사야겠다' 생각하며 경희의료원에서 회기역으로 가는 도중 보디가드 매장에서 화려한 속옷들을 보았다.

첫날밤에 입으면 너무 좋을 것 같은(그 와중에 이런 생각을 다?) 속옷 세트를 보니 어머니가 옆에 계셨더라면 분명 저 디자인을 사주셨을 거란 생각이 스쳤다. 갑자기 서글퍼지면서 울음이라도 터질 것 같아 겨우 눈물을 참고 구경만 하다가 집에 왔다.

이젠 그런 비싼 속옷 사 입으려 하지 말고 한 푼이라도 아껴야 한다. 그런데 내 방 옷장에서 갈아입을 옷을 찾다가 상단 수납대에서 속옷 세트 상자를 발견했다. 보디가드 속옷 상자였다. 놀랍게도 아까 매장 진열대에서 본 것과 흡사

한 디자인이었다. 어머니가 의식을 잃기 얼마 전에 그 속옷을 사서 내 옷장에 넣어두신 거다. 당신 눈에도 그 디자인이 무척 좋아 보여 아들에게 입히고 싶으셨던 게다. 가슴에 눈물이 고여 넘쳤다.

지금도 봄이 오면 세련되고 비싸지는 않은 옷을 한두 벌 산다. 설렘이 없다는 건 나이 듦이며 삶의 의욕이 사라졌다는 증거다. 계절이 바뀜에 따라 다시 시작하는 삶의 기운을 얻고, 새로운 계절을 앞두고 아직 오지 않은 어떤 기쁨을 기대하는 열망이 필요하다. 경희의료원 병실에서 간호하며 병원 밖 세상 풍경을 잊고 살던 그 봄에 어머니가 미리 챙겨 놓으신 속옷 세트의 감동과 슬픔을 잊지 못한다.

그로부터 26년이 흐른 지금, 이 글을 쓰면서 하늘에 계신 어머니와 오랜 세월의 병간호 기억을 떠올리고 있다. 어머니께 옷 선물을 받아 마음 속까지 온통 화사해지며 따뜻한 사랑을 느끼던 그 청춘의 기억을 잊지 못한다. 지금 나는 계절이 바뀔 때 새로 시작하는 마음, 일상을 기대하는 열망이 있을까?

2005년 9월 19일, KBS 〈TV 동화 행복한 세상〉에서 내 글 '보디가드 속옷에 흘린 눈물' 편을 각색해 '어머니와 속옷'이란 제목의 애니메이션을 방송했다. 우리 모자의 모습과 따뜻한 대화가 담긴 애니메이션에 이금희 아나운서의 다정다감한 내레이션이 함께하니 가슴 찡한 아픔과 감동이 더해졌다.

우리 모자의 이야기가 방송 콘텐츠의 소재가 된 것이 신기했다. 이 애니메이션을 간만에 보니 감회가 새롭다. "이제 속옷조차 내 손으로 사 입어야 하는구나"라는 독백은 좀 오글거리는 과장이지만 전체적인 느낌은 그때 그 심정이 잘 담겨 있다. 내가 나눈 글의 대화가 동화의 모습으로 각색될 수 있다고 생각하니 늘 동화처럼 맑은 모습으로 살아야겠다고 다짐하게 된다.

재가케어로 청춘을 보낸 뒤
사회적 돌봄의 길로

집에서 병간호하던 시절의 일상 스케치

1998년 6월이었다. 세 군데 병원을 옮겨 다니며 7개월여 입원 생활을 한 어머니는 결국 의료 효과가 없다는 판정과 함께 퇴원 통보를 받았다. 중환자인 어머니가 더는 병원에서 의료서비스를 받지 못하는 현실에 몹시 당황했다. 퇴원 후 집에서 어머니의 의사, 간호사, 물리치료사, 영양사, 가위손 역할까지 해내는 멀티 의료인 아들이 돼야 했다. 특히 어머니 머리 깎아드리는 날은 아침부터 마음 단단히 먹고 힘쓸 각오를 했다. 전날 밤부터 꼭 기도를 드린다. 머리 깎는 동안 가래가 쌓여 호흡이 막히지 않도록, 내 팔과 허릿

심이 달리지 않도록. 머리 깎기와 목욕, 모두 침대 위에서 이뤄진다. 병원에서는 어머니 몸에 냄새가 날 때마다 죄송했고, 건강을 잃기 전의 모습처럼 깔끔하게 해드릴 방법이 없어 속상했다. 그러다 내 손으로 집에서 모든 간호를 해내면서, 매일 오전에 하루도 거르지 않고 침상 목욕을 해드릴 수 있었다.

내 간호의 역량은 어머니의 위생부터 최상의 상태로 만드는 데서 출발해 하루하루 쑥쑥 숙련도가 높아졌다. 우선 식염수를 묻힌 솜을 핀셋으로 잡고 양치질을 해드린다. 가그린을 묻힌 거즈를 핀셋에 감아 혀를 닦아낸 후 물을 반 컵 정도 입에 넣어드린다. 석션을 해가며 기관 절제한 부분인 T케뉼라와 세트로 장착하는 Y거즈의 드레싱을 마친다. 정수기 물을 받아 가제 수건을 적셔 얼굴을 닦아드린다. 어머니께 죄송한 마음을 덜고 또 덜기 위해 정수기 물로 세안을 해드렸다. 눈 주위와 귀 뒷부분과 목 주변을 특히 신경 써서 깨끗하게.

침대 높이를 낮춰 머리 감길 준비를 한다. 수건 두 장을 둘둘 말아 어깨 밑에 받쳐서 머리와 침대 사이 공간을 확보

한다. 방수포를 어깨 아래에 대고 세숫대야에 담아 놓은 물로 머리를 적신다. 큰 대야를 침대 옆에 두고 미리 따뜻한 물을 담아 놓아야 한다. 한 손으로 어머니 뒷머리를 받치고 다른 손으로 의료용 가위로 귀 주위의 머리카락부터 깎아 나간다. 양쪽 귀 부분을 정돈한 후 전체적으로 고르게 깎는다. 이때 가래가 끓으면 큰일이다. 잘 견디시도록 조심조심 신속하게 자른다. 머리카락 범벅이 된 세숫대야의 물을 버리고 새 물을 받아서 머리를 헹군다. 여러 번 물을 갈아서 헹군 후, 샴푸질을 하고 샤워기를 대신하는 페트병에 담아 둔 미온수를 머리 위에 부어 깨끗하게 헹군다. 눈과 귀에 물이 들어가지 않게 수건으로 조심조심 닦아드리며 귀와 목뒤 구석구석 숨어 있는 머리카락들을 떼 낸다. 목에 쌓인 가래를 석션하고 감기 들지 않도록 빨리 드라이로 머리를 말린다. 면봉으로 귀의 물기를 제거하고 콧속도 청소한다.

얼굴에 로션을 발라드린 뒤 웃옷을 벗기고 등에 수건을 깔아가며 목욕을 시킨다. 침상 목욕은 엄마의 표정과 숨소리를 세심히 확인하며 섬세하고 기민하게 해야 한다. 불편한 표정이 감지되면 바로 석션을 하고 체온이 떨어지지 않도록 한다. 옆으로 등을 들어 닦은 다음 다리, 엉덩이 등을 비누로 깨끗이 씻기고 수건으로 온몸의 물기를 닦는다. 몸 전체를 씻긴 후 등 아래 방수포 역할을 하는 시트를 빼낸다. 기저귀를 채우고 바지와 상의를 입힌다. 이렇게 머리 깎기와 목욕이 끝나면 어머니는 천사 같은 아기 얼굴이 되어 편하게 잠드신다.

울트라 가위손 아들의 손을 빌려 짧게 커트하신 우리 엄마, 멋지다! 내 마음은 한껏 뿌듯해진다. 활달한 성격의 커리어우먼처럼 보인다. 일주일에 두어 번 휠체어에 태워서 침상에서 벗어나 편안하게 앉아 계시도록 해드린다. 특히 머리 깎은 날은 휠체어 태워드리는 이벤트가 필수다. 보조해 줄 분이 필요하다. 휠체어를 침대 옆에 옮기고 나는 어머니 허리춤의 환자복을 잡고, 도와주시는 아주머니는 어머니 무릎 아래에 손을 넣어 함께 동시에 들어서 중환자용 휠체어에 부드럽게 앉힌다. 이때 끓는 가래를 빨리 석션하고 등에 옷이 접히거나 엉키지 않게 잡아당겨 펴준 뒤 허리와 발목 안전벨트로 어머니 몸을 고정한다. 머리 위치를 바르게 잡은 후 휠체어를 밀고 거실로 나온다.

어머니는 휠체어에서 아주 편안해하셨다. 누워만 계시다

가 앉혀드리면 또 다른 높이의 세상을 접하는 셈이다. 집 바깥은 공원도 없고 지나다니는 사람들의 시선이 거슬리는 데다 터미널 주변이라 공기도 나쁘기 때문에 거실과 부엌만 왔다 갔다 한다. 그래도 병실로 꾸며 놓은 방 공기와 거실 공기는 다르니까. 휠체어에 앉아 계시면 깊이 쌓여 있던 속 가래도 배출되고, 주사기로 넣어드리는 죽도 코 튜브를 타고 잘 내려간다. 준비해 둔 두유와 주스까지 드린 후 주무시는 틈을 타 손발톱을 깎아드린다.

거실의 휠체어에서 어머니가 주무시는 동안 우리 모자가 기거하는 방 창문을 열어 환기한 후 대청소를 한다. 침대 시트도 속까지 말끔히 갈아 놓는다. 에어매트 상태도 점검하고 가습기도 청소한다. 이런 날은 아주 바쁘기 때문에 컨디션 조절에 집중한다. 그래야 그날 밤에도 여지없이 난 잠을 안 자고 간호할 수 있으니까.

3시간쯤 지나 휠체어에서 주무시는 어머니가 깨시면 다시 허리춤을 잡고 도우미 아주머니는 무릎 아래 손을 넣어 맞잡아 동시에 들어 침대에 눕혀드린다. 어머니 몸을 부드럽고 안전하게 안고 침대 위에 내가 올라가서 조심스레 먼저 누워야 충격 없이 눕혀드릴 수 있다. 바지를 벗겨 기저귀를 빼내고 새 기저귀를 깔고 깨끗한 이불로 덮어드린다. 이렇게 머리도 말쑥하게 다듬고 깨끗하게 청소한 방의 향긋한 시트 위에 어머니를 다시 눕혀드리고 나면, 내 몸은 천근만근이지만 마음은 한결 가볍고 개운해진다.

예전에 나는 팔굽혀펴기 50개가 한계였다. 어머니 간호에 익숙해지면서 200개 이상 거뜬히 해냈다. 어머니를 간호하면서 얻은 체력은 또 하나의 선물이다. 그래서 여름에 반소매 티를 입고 사람들을 만나면 운동선수로 본다. 내 몸은 고통의 시간이 새로 디자인해 주었다. 훗날 어머니처럼 아프고 힘든 환자의 가족에게 힘이 되어 드리면서 살면 좋겠다고 생각했다.

병상에서의 20년, 그 오랜 간호의 세월을 뒤로 하고, 2018년에 뇌질환 환자 가족을 돕는 사회적기업을 창업했다. 그리고 2023년부터 치매 환자와 그 가족을 돕는 언론인 디멘시아뉴스에서 편집국장으로 일한다. 어머니는 내게 선한 영향력을 일으키는 일을 하도록 특별한 경험을 주셨다. 나처럼 가족이 심한 아픔을 겪는 이들에게 계속 공감하며 살아간다. 돌봄을 주제로 한 소셜벤처 창업가와 언론인으로 일하는 이 길은 어머니가 끌어주신 길이다. 의미 있고 가치 있는 일을 하면서 느끼는 이 뿌듯함은 오랜 세월 어머니를 간호한 내 청춘의 경험에서 시작됐다.

괜찮지 않아도 괜찮다
20년을 간호해야 한다는 사실을 몰랐던 것이 축복

어머니 간병 일기를 홈페이지에 써가던 어느 날, 문득 이 제목이 떠올랐다.

"괜찮지 않아도 괜찮다!"

24년 전에 내가 처음 썼고, 2004년에 나온 《어머니는 소풍 중》 본문의 한 꼭지 제목이기도 한데, 신기하게도 그 후 노래 제목이나 다른 에세이 제목에서 발견했다. 힘든 일을 겪을 때 스스로를 위로하는 문구로 누구나 떠 올릴 수 있는 말이구나, 싶었다.

집에서 어머니 간호한 지 몇 해가 지났을 때다. 매일 고단한 일상은 내게 당연하고 견딜 만한 일상이 되었다. 24시간 긴장의 나날에서 잠깐 휴가를 얻듯 외출하는 날은 매일 심야에 어머니 가게 일을 대신하던 동생이 주일에 잠시 교대해 줄 때다. 나는 동생에게 어머니를 맡기고 잠깐의 외출 시간을 얻어 교회에 갔다.

보통의 일상에서 유리된 내가 세상 사람들을 만날 수 있는 날, 교회 예배에 출석하고 청년들과 점심 먹는 모임에 가는 그 시간은 늘 휴가를 떠나는 것처럼 힘이 났다. 가끔 쓰는 폴로 향수도 살짝 뿌리고, 교회 갈 때만 입는 바지를 꺼낸다. 지난주와 겹치지 않게, 그리고 날씨에 맞게 재킷을 골라 입고 집을 나서는 순간은 군대에서 주일에 교회에 가던 기분과 똑같아진다. 내가 가장 위로받는 시간이 교회 가는 버스에서 이어폰으로 음악을 들을 때다.

마침 성찬식이 있는 주일이었다. 주일 아침에도 거르지 않고 어머니 침상 목욕을 시켜드리기에 예배 시간에 맞춰 갈 수 없었다. 성찬식 직전에야 예배당에 도착해 자리에 서서 예수님의 십자가 죽음을 새겼다. 내게 떡과 잔이 오기 전, 눈을 감았는데 감정이 북받쳐 목이 메어 눈물이 흘렀다. 감사하다기보다는 서러운 마음, 섭섭한 마음이 들었지만 차마 따지지 못했다. 주르륵 흘러내리는 눈물과 함께 마음이 안정되고 개운해졌다.

하루하루 잘 견디고 있지만 종종 믿음의 문제에 부딪혔다. 캄캄한 터널의 끝은 도대체 어디인지 모르겠다. 그래도 언젠가 끝이 오겠지. 의식이 없는 어머니를 집에서 돌보는 역할에 충실하다 보면 이 모든 고통의 막이 내릴 때 기립박수가 기다릴 것이다. 과거의 서운함, 현실의 막막함 모두 미래의 영광 앞에서 빛이 날 것이다. 집으로 돌아오는 버스에서는 다시 싸움터로 나아가는 용사처럼 마음에 갑옷을 두르고 투구를 쓴다.

외박하고 들어오신 아버지는 무기력해진 채 온종일 이불만 뒤집어쓰고 계셨다. 나 대신 어머니를 간호하느라 힘들었던 동생은 지친 표정으로 자기 방에 들어가 버린다. 동생은 어머니 가게 일을 하느라 밤에 일어나 동대문 광장시장에 가야 하니 어머니 걱정하지 않도록 내가 최대한 힘을 실어 주어야 했다.

그런데 시트가 오물로 엉망이 되어 있는데도 제대로 치우지 않은 동생에게 또 화를 냈다. 어머니 간호에 꼼꼼하지 못한 모습을 발견할 때마다 동생에게 향하는 나의 짜증. 동생의 삶도 힘들다는 걸 알면서도 내 표정은 쉬이 어두워진다. 아들의 손이 잠시 떠나 있는 동안 불편하셨음이 어머니 표정에서 역력하다. 시트를 잡아당겨 펴드리고 침대를 세워 어머니 상체를 일으키고는 등을 두드려드렸다. 팔다리 관절까지 풀어드린 뒤에야 편안한 표정으로 돌아오신다.

도자기 공예를 전공한 동생이 공방을 얻어 자기 꿈을 실현해 가던 중에 어머니 대신 새벽 장사 일에 뛰어들었으니, 얼마나 낙심했을까. 용납하는 것보다 더 어렵고 힘든 것이 있다. 바로 용납하지 못하는 마음을 담고 사는 것이다. 병간호에 서툰 동생을 용납하고 이해하자. 모든 걸 이해해 주시는 하나님을 생각하면 무안하고 부끄러워진다.

그래, 아무렇지 않다.
괜찮다!
변함없이 매일 밤샘 간호를 하고
아침이면 또 변함없이 침상 목욕으로 하루를 시작한다.

그래도 괜찮다!

매일매일 간호 일과가 버겁게 기다리고 있지만

괜찮다!

예비군 훈련으로 어머니 간호를 잠시 맡기고

훈련장에 다녀와야 하지만

괜찮다!

내 청춘의 앞날이 어떻게 될지 막막하지만

괜찮다!

내일도 모래도 다

괜찮다!

그렇게 괜찮지 않아도 괜찮다고 스스로 다짐하며 하루하루 산 것이 20년을 꼬박 채웠다. 병간호를 시작한 1997년 겨울, 의식을 잃으신 그날부터 2017년 가을까지 계속 간병해야 할 줄은 꿈에도 몰랐다. 미리 알 수 있었다면 시작이나 할 수 있었을까? 그래서 내일 일을 모르고 사는 것이 축복이란 생각이 든다.

어제의 고통은 잊고, 오늘을 살고, 내일 일은 모른다. 지금도 그렇게 살아간다. 오늘을 처절하게 살아도, 가족의 생명을 책임지는 일만으로 하루 모든 시간을 꽉 채워도, 내일은 좋은 날이 오리라 기대하며 하루를 살았다. 독박 간호라고 생각하지 않고, 괜찮지 않아도 괜찮은 마음의 힘을 얻은 내 청춘은, 기억 속에서 늘 반짝이고 있다. 교진, 넌 참 귀한 인생의 주인공이라고!

(일본어 교진(きょじん)은 '거인'을 뜻한다. 이름부터 평범한 소인으로 살 수 없는 인생임을 암시한 걸까.)

돈 문제의 그늘에서 결핍은 아름다웠다

20년 병간호, 적은 월급에 많은 지출에도 신용불량자가 되지 않은 이유

글을 쓰는 지금, 나는 거의 7년의 프리랜서 생활을 막 청산했다. 우리나라에서 꽤 유명한 강연기업을 마지막 회사로 다닌 뒤 2017년 소셜벤처 아이디어 경연대회에서 최우수상을 받고 그 상금으로 창업해서 예비사회적기업 지정을 받았다. 사회적기업은 세상의 문제를 해결하는 착한 기업이지만, 지속가능한 비즈니스 구조를 만들기란 여간 어려운 게 아니었다. 딱히 일정한 수입 없이 오랜 시간을 버티며 책 편집, 창업 교육, 인터뷰 작가 등 N잡러로 살아왔다. 그러다 2023년 11월부터 디멘시아뉴스 편집국에서 일하기 시작했다.

예전에 다니던 마지막 회사는 나에게 꼭 맞는 분위기였다. 의사 결정, 기획, 출근 시간 모두 직원이 결정하는 자유로운 분위기의 젊은 스타트업이다. 업무 보고서도 없고, 외근 일정도 스스로 정하고, 휴가 신청도 자유로웠다. 나는 그 회사 안에 출판사를 세우는 팀코치였다. 팀원 없이 혼자 출판팀 세팅을 마치고 다양한 기획 아이템도 갖추어 두었는데 회사가 심각한 재정 위기에 몰리는 바람에 급여가 계속 늦어졌다. 가장으로서 버티는 데 한계를 느끼는 지경에 이르렀다. 회사를 일으켜 보려고 모든 인맥을 동원해 투자 유치를 설득해 보았지만, 한 건도 이루지 못했다. 사장이 아닌데도 사장처럼 고민하며 이리저리 궁리하다가 심각한 번아웃이 찾아왔다. 생활비는 개인 대출을 통해 어느 정도 융통했지만, 회사에서 내가 기획 출간한 책과 앞으로 펴낼 책들에 대한 사업비가 묘연해 출구를 찾다가 지쳐갔다.

고심 끝에 대표에게 과감한 구조조정 외에는 답이 없다는 제언을 한 뒤 퇴사의 뜻을 밝혔다. 어려운 회사에 숟가락 하나라도 덜어내는 것만이 도움이 되는 길이라고 판단했다. 최선을 다해도 결과를 얻지 못하는 상황이 반복되고 어머니 병간호의 끝은 보이지 않아 심각한 무기력감이 덮쳐왔다. 매달 어머니 병원비 해결에 대한 책임감으로 어깨에 큰 바위가 올려져 있었고, 버티고 또 버티다가 번아웃이 온 것이다. 간단한 서류 한 장 쓰기 어려운 상태로 점점 악화돼 나는 어머니 병간호에 힘을 쏟고 나면 아무것도 할 수 없는 지경이 됐다. 직장 생활이 무너진 데다 어머니 상태마저 조금씩 악화돼 가고 있어 병상의 어머니를 보며 무기력감과 소외감이 더해져 숨조차 쉬기 힘들었다. 돈 문제는 계속 눌러왔고 사방은 어둡고 답답한 벽뿐이었다.

가장으로서 돈 문제를 해결해야 할 책무에 소소한 책밥(출판인이 버는 돈)으로는 답이 안 나왔다. 책이 안 팔리는 시대에 책을 만들어 매달 병원비를 해결하고 생활비를 마련해 가정의 필요를 채운다는 건 우직한 미련함이다. 부수입으로 도움이 된 강연 요청도 뜸해진 지 오래였다. 요양병원에서 장기 중환자로 계신 어머니를 간호해 드리고 홀로 병원비를 마련하면서 어머니 간호가 힘들다거나 멈추고 싶다는 생각을 단 한 번도 해본 적이 없다. 단지 그 돈 문제가 버거웠다.

대학을 졸업하고 20년 동안 책 편집과 글쓰기, 강연 등으로 병원비를 마련했고 가족의 생계비도 해결해 왔다. 오랜 세월 신용불량자의 위기에 처해 있었어도 제2, 제3 금융권 대출을 받은 적도 지인에게 돈을 빌린 적도 없다. 그러면서 가족을 굶기거나 파산하지 않았다. 사람들은 내가 얼마 안 되는 출판사 급여로 어머니 병원비를 어떻게 해결해 왔냐며 신기해했다. 그 병원비 다 모으면 웬만한 아파트 전세금은 충분히 됐을 것이다. 돌아보면 내가 번 돈보다 도움을 받은 돈이 훨씬 많았다. 하나님이 보내 주신 천사들의 손길이 그치지 않았다. 그래서 나의 결핍은 아름다운 추억으로 남아 있다.

돈에 관한 에피소드가 많다. 첫 편은 가벼운 서론 격이다. 돈 에피소드가 너무 많아서 당황스럽다. 지나간 돈 문제는 감동이지만 지금 현실에서 마주하는 돈 문제는 익숙해지지 않는 고통이다. 이 결핍을 견딜 근육을 만들기 위해서라도 내 삶에 주어진 '만나'•를 잘 기억해야 한다.

• 이스라엘 민족이 모세의 인도로 이집트 노예 생활에서 탈출해 약속의 땅 가나안으로 가던 중, 광야에서 먹을 음식과 마실 물이 없어 방황하고 있을 때 하나님이 하늘에서 날마다 내려 주신 기적의 음식.

안타깝게 세상을 떠난 신해철의 곡 〈Money〉의 가사에 이런 내용이 있다. "사람보다도 위에 있고 종교보다도 강하다. 겉으로는 다 아니라고 말을 하지만, 약한 자는 밟아버린다. 강한 자에겐 편하다. 경배하라. 그 이름은 돈, 돈, 돈, 돈."

돈이 종교보다도 강하다는 말이 귓전을 때린다. 하긴 우리가 하는 기도에서 돈 문제를 빼면 내용이 거의 없다. 삶의 문제는 대부분 돈과 연결돼 있다. 생존이 목적이던 시대를 지나 상대적 박탈감이라는 말로 다수의 빈자를 위축시키는 시대에 억대 연봉자도 돈이 부족하다고 한다. 돈은 '잘먹고사니즘'의 이데올로기로 자리 잡고, 우는 사자처럼 입을 벌리며 공포감을 안긴다. 오늘 겨우 살았지만 내일은 심각해질 거라는 실체 없는 불안감으로 불면과 악몽의 밤을 겪는다.

나는 첫 직장에서 연봉 2천4백만 원의 계약직으로 시작해 3천5백만 원의 정규직으로 근무하다 회사를 옮겼고, 그 정도 수준에서 10년 이상 여러 출판사에서 일했다. 아이가 둘 태어났고, 어머니 병원비는 고액 연봉의 전문직도 감당하기 힘든 지출로 매달 빠져나갔다. 집은 경기도 안양에 나온 23평의 공공임대주택을 얻어 2년마다 추가 보증금을 내면서 재계약했고 매달 임차료를 지불하며 10년을 살다가 계약이 만료되면서 다행히 동탄의 10년 공공임대주택을 얻었다. 다시 10년이 되면 이사할 집을 찾아야 한다. 저소득층을 위한 공공임대주택은 우리 가족에게 큰 도움이 됐다. 그래도 매달 어머니 병원비를 빼고 남는 소소한 돈으로 생활해 온 건 기적에 가까웠다.

돈 문제로 지칠 수밖에 없는 삶이지만 돌아보면 은혜와 기적이란 말밖에는 설명할 길이 없다. 그야말로 성경의 만나를 경험하며 하루하루 필요한 만큼의 돈으로 사는 것이 가능할까? 가능하더라도 계속 감사하며 견딜 수 있을까? 늘 이 고민과 싸우며 살아왔다.

상급병원에서 매달 500만 원가량의 병원비가 들어갔다. 밑 빠진 독처럼 우리 집 재정은 계속 빠져나갔고, 어머니의 쾌유는 기대할 수 없는 상태였다. 병원비 외에도 내게 교통비, 식비 등이 필요했는데 돌아보니 그 돈이 떨어진 적은 한 번도 없었다.

의료진으로부터 가망 없는 퇴원을 통보받고 집으로 모시고 오기 전에 경희의료원 부인과병동에 가장 오래 있었다.

낮에만 간병인의 도움을 받고 매일 밤과 아침, 주말과 주일은 내가 꼬박 간호해야 했다. 밥은 거의 굶다시피 하거나 병원 입구 부근 김밥집에서 급하게 한 줄 먹고 병실로 뛰어 올라오곤 했는데, 체력이 현저히 떨어지거나 시장기로 괴롭지 않았다. 6인 병실 앞 베드의 남매 보호자가 도시락을 나눠 주기도 했다. 옆 베드 할머니 환자의 아들이 강남에 사시는 부유한 분이었는데 자장면을 시켜 주기도 했다. 1일 1식으로 사는 날이 많았다. 중요한 건 생업 전선에 뛰어든 동생에게 용돈을 타지 않았어도 내 주머니가 빈 적이 없었다는 사실이다.

혜민병원 중환자실에 계신 어머니를 돌볼 때, 내가 다닌 교회 청년회 임원들이 방문해서 청년회에서 모은 헌금을 건네주었다. 대학부에 있었기 때문에 같은 교회라는 것 외에는 관계가 없던 분들이 주신 돈을 받기가 쑥스러웠지만, 하나님이 보내 주신 도움으로 여기고 받았다. 그렇게 교회 공동체의 사랑과 관심이 없었다면 20년 동안 어머니의 무의식 상태를 돌보는 고통은 하루도 견뎌내지 못했을 것이다.

경희의료원 신경외과 병동에서는 정신을 좀 차리고 당시 PC통신 천리안 IVF(기독학생회) 동호회에 기도 부탁 글을 올리기 시작했다. 그 동호회에 연재되는 내 글을 눈여겨본 한 분이 병실에 찾아왔다. 그녀는 암 말기인 어머니를 돌보고 있어 내 글에 깊이 공감하며 읽었다고 했다. 야맹증 때문에 야간 외출이 어려운데도 병실에서 밤늦게까지 내 말동무를 해주었다. 병실에 올 때 내게 고기를 사주려고 작정했는데, 수시로 석션과 체위 변경을 해야 해서 병실을 비울 수 없는 내 모습을 보고 배달 음식을 시켜주었다. 같은 아픔을 겪는 사람끼리 먹는 떡볶이와 순대는 참 맛있었다. 그녀의 마음이 따뜻하고 고마웠다. 돌아가기 전에 편지를 주고 갔는데 거기에 얼마간의 현금이 들어 있었다. 편지에는, 자신도 여유롭지 않지만 비슷한 고통을 겪고 있다는 사실만으로 내게 무언가 해주고 싶었다며 꼭 고기를 사 먹으라고 쓰여 있었다. 그 후에도 몇 번 더 병실을 찾아와 나와 어머니를 만나고 갔다.

나를 찾아온 그달에 그녀의 어머니가 돌아가셨다. 나는 간병인과 교대한 시간에 빈소가 차려진 세브란스병원 장례식장에 조문을 갔다. 거의 두 계절을 경희의료원 신경외과 병동에서 살다시피 하다가 푸른 5월의 장례식장 주변에서 마주한 햇살의 화려함과 낯섦에 당황했다. 그녀는 장례를 마치고 시간이 좀 흐른 어느 날 밤, 병실 전화로 내게 안부를 묻다가 내가 잠시 통화를 중단하고 어머니 기저귀를 갈 때 펑펑 울었다. 하늘로 떠나보낸 어머니가 그립다는 그녀의 울음에 난 그저 들어주는 것 외에는 전할 수 있는 위로가 없었다. 후에 대학생 선교단체인 JOY 간사로 일한 정화, 그녀의 이름이다.

그 천리안 동호회에 경희대 대학원생인 박경규라는 친구가 있었다. 경희대에서 주일 모임이 끝나면 어머니 병실에 찾아와 방울토마토와 설교 테이프를 건네주었다. 내가 주일에 예배도 드리지 못하는 사정을 알고는 간호를 교대해 나를 병원 내 교회에 다녀올 수 있게 해주려고 했단다. 전문적인 간호 테크닉이 필요한 중환자 간호임을 알고는 곁에서 말동무를 해주고 돌아갔다. 그는 자주 병실에 찾아왔다. 몇 달 후 경규는 대학원 졸업 선물로 받은 구두 티켓을, 몇 번을 망설이다 마음 변하기 전에 해치우는 거라며 내게 등기우편으로 보내 주었다. 그리고 캄보디아 선교사로 떠났다.

정화도 경규도 어머니 간호하면서 알게 된 친구다. 나는 그들을 통해 출애굽기의 만나를 체험했다. 경규는 지금도 연락하는 이십년지기 친구다. 세 딸의 아빠로 다이내믹하게 살아간다. 세상 참 좁다. 경규의 아내는 대학 시절 내가 리더로 성경공부한 소그룹 멤버의 동생이다.

봄이 지나 초여름엔 이런 일도 있었다. 나는 어머니 간호하기 2년 전 한양대에서 열린 '96 선교한국'에 조장으로 참석한 적이 있다. 당시 내 조원 중에 목사님 딸이면서 신학교에서 선교학을 전공하던 여학생이 있었다. IVF 수련회에서 나를 본 적 있다며 먼저 알아봐 주었다. 우리는 남매처럼 꼭 붙어 다니며 다양한 얘기를 나눴다. 그 조원이 2년 만에 갑자기 내게 안부를 묻는 전화를 주었다. 뇌출혈로 쓰러져 의식이 없는 어머니를 경희의료원에서 간호 중이라는 내 말에 그녀는 병실로 찾아왔다.

난 어렸을 때 맞벌이 부모님 밑에서 빈집을 지키며 혼자 밥을 차려 먹는 아이였다. 주로 물에 말은 밥에 간장을 찍어 먹었다. 작은 간장 종지에 숟가락을 넣으면 숟가락 끝에 간장이 살짝 걸린다. 그게 반찬의 전부였다. 그래서인지 편식이 심했고, 고추는 죽어도 못 먹는다. 병원에서 매일 김밥 한 줄로 끼니를 때워 온지라 김밥에는 신물이 나 있었다. 병실에 그 조원이 왔다.

"오빠, 식사 안 했죠? 내가 김밥 싸 왔어요."
"어…. 음…. 그래, 오늘은 네가 싸 온 거 먹어 보자. 무슨 김밥인데?"
"이거 고추 김밥이에요."
'허걱!'(1990년대 말에는 지금의 '헐'이 '허걱'이었다.)

그 조원은 웃을 일 없던 내게 한참 재잘거리며 기쁨조 역할을 톡톡히 하며 미소 짓게 했다. 가기 전에 조심스레 봉투를 내밀었다. 오빠 사는 얘기 듣고 마음이 아파서 헌금하고 싶었다고. 거기엔 대학생 신분으로는 꽤 많은 돈이 들어 있었다. 그때가 주머니 사정이 아주 안 좋아졌을 때였다. 미안하기도 하고 어색하기도 했지만, 안 받을 수도 없었다. 남은 고추 김밥을 먹다가 울컥했다. 고추 때문이라고 생각하며 그냥 울었다.

위대한 가설, 믿음으로 살면 살아진다

너무 불안해하지 않는 것이 견딤의 비결

집에 중환자가 있으면 가장 힘든 사람은 그 환자를 가장 사랑하는 사람이다. 아이가 물에 빠지면 수영을 못해도 구하려고 뛰어드는 부모처럼 자기 삶과 행복은 생각하지 않고 중환자 가족의 고통을 해결하는 데 인생을 던진다. 돈과 시간이 끝없이 소모되는 가정 재난에서 사랑이 깊은 사람은 더 외롭고 고단하다. 고통을 분담해야 할 다른 가족들로부터 상처받고 독박간호의 고독과 아픔을 견디면서 환자를 돌본다. 자기 아픔은 느낄 새도 돌볼 새도 없다.

치매와 뇌질환 같은 낫지 않는 병과 싸울 때 장기적으로 가장 큰 문제는 경제력이다. 내 주변 친척 중에 어머니의 치료비를 도울 만한 분은 없었다. 오히려 이런 가정 재난을 겪는 우리 가정과 거리를 두는 일이 다반사였다. 우리 집에서 대학을 다닌 사촌 형님만이 시시때때로 걱정해 주고 간혹 찾아와 내 얘기를 들어주었다. 청춘의 시간을 모조리 집에서 어머니 생명을 보존하는 데 쏟아부은 내게 돈 문제는 기도할 수밖에 없는 어려운 문제였다.

대학원을 휴학하고 수입이 없는 청년 백수로 어머니 간호를 시작했을 때부터 현실은 막막했다. 그런데 '보이지 않는 손'이 나를 돕고 있었다. 어머니의 회복만을 기도하고 차도가 전혀 없는 절망의 감정에서는 그 돌봄의 손을 체감하지 못했다. 아무리 기도해도 어머니 의식 회복의 응답은 없었지만, 끝이 보이지 않는 터널에서 견딜 힘을 공급받았다.

생각지도 못한 후원으로 어머니에게 필요한 기저귀, 레빈튜브, T케뉼라 등을 제때 살 수 있었고, 병간호로 땀에 절어 목마르고 고독할 때마다 그 갈증은 해소됐다. IMF가 터진 뒤 거의 동시에 어머니와 병원 생활을 시작했다. 병원에서는 치료용품의 상당수를 보호자가 의료기구점에서 구입해 오게 했다. 병원 내 의료용품이 동이 났는데 IMF로 구비할 수 없다는 것이다. 의료기구점에 갈 때마다 지갑이 비지 않는 경험을 하면서도 당시에는 내가 얼마나 많은 사랑을 받는지 알지 못했다. 수시로 공격해 오는 돌발적인 스트레스로 죽고 싶다는 유혹을 종종 겪었다. 어머니 간호한 지 1년이 지난 뒤 그 1년을 돌아보면서 하나님의 스킨십이 늘 나를 감싸고 있었다는 것을 깨달았다. 병이 낫지 않지만 병을 견디도록 도와주신 은혜가 있었다는 것을! 내 만족감과 상관없이 내게 필요한 것들은 차근차근 주어졌다.

서울대병원은 어머니의 세 번째 병원이다. 집으로 모시고 오기 전 마지막 병원이기도 했다. 좀 더 환자를 잘 본다는 의료진의 치료로 조금은 회복되지 않을까 하는 실낱같은 기대가 있었다. 그곳에서 수많은 고가의 검사를 받았지만 결국 퇴원 명령을 받았다. 오랫동안 익숙했던 경희의료원의 3517호 병실 식구들과 매일 함께 기도 모임을 가지던 때가 그리웠다. 초겨울부터 초여름까지 견뎌온 병실에서의 기간을 그리워하며 쫓겨나다시피 집에 가야 하는 현실을 겨우 받아들이고 퇴원 준비를 했다.

공대생인 내가 집에서 어머니를 어떻게 간호할까? 그에 따르는 경제적인 문제는 어떻게 해결할까? 정신은 복잡했고 손발은 계속 어머니 몸에 필요한 것을 하느라 분주했다. 그때 교회에서 부목사님이 병실에 심방 오셨다. 바로 전 주일에 열었던 교회 바자회의 수익금을 전해 주셨는데 70만 원이나 되었다. 그 돈은 집에서 어머니 간호하는 데 필요한 병원 침대, 석션기, 치료 물품들 구입에 딱 맞게 쓰였다. 환자복과 약품들까지 사고 나니 꼭 70만 원이 들었다.

서울대병원 신경외과 병동에서 퇴원하던 날, 혜화동의 여름 빛깔은 참 아름다웠다. 그래서 더 슬펐다. 병원에서 집으로 중환자인 어머니를 옮겨야 하는 절박함에도 세상은 나와 상관없이 아무 일 없다는 듯 그토록 아름다운 풍경에 서러움이 북받쳤다. 한 치 앞을 예상할 수 없는 현실, 내가 혼자 다 해내야 한다는 무거운 짐이 상처였고 아픔이었다.

앰뷸런스로 집에 도착하자 낮에만 어머니를 간병해 주던 간병인과 결별하고 혼자 간호를 시작했다. 낯선 가정용 석션기로 수시로 석션하고 씻기고 죽과 약을 드리고 체위를 변경하고 기저귀를 교체하면서, 석션할 때마다 괴로워하는 어머니의 표정에 나는 숨 쉴 틈도 없이 힘겨웠다. 따뜻하게 데운 경관식 죽을 주사기에 넣어드리다가 창밖의 햇살을 보자 나도 모르게 눈물이 뚝뚝 떨어져 그칠 줄 몰랐다.

강변역 부근에 살던 우리 집 바로 앞에 올라가던 신축 빌딩 테크노마트가 내가 존재하는 세상이 아닌 액자 속 그림처럼 보였다. 밤을 새우고 등골이 쑤신 몸으로 어머니 침상 목욕을 시키고 내 체력과 정신력으로는 견디기 힘든 24시간 간호에 점차 적응해 갔다. 이 고통에 대한 하나님의 마음을 차츰 느끼기 시작했다. '내가 그렇게 24시간 주목하고 돌볼 테니 아무 걱정하지 말아라.'

6월부터 아쉽고 안타깝게 자리 잡고 있던 것이 보험금 문제였다. 사실 어머니가 살뜰하게 보험을 들어놨더라면 사망에 준하는 장애 1급은 억대의 보상금을 받을 수 있는 상황인데, 그동안 병원비, 간병비로 지출한 것에 비하면 소액이나 다름없는 3천만 원의 보상금이 계속 지급 거절되었다. 보험사 측에서 책정한 보상금은 200만 원이었다. 한 달 병원비도 안 되는 금액을 받고 정리할 수는 없었다. 도리어 보험사는 소송을 하라며 으름장을 놓고 있었다. 이 문제를 두고 기도로 응수할 수밖에 없었다.

다니던 교회에 기도 부탁을 하고 여리고성이 허물어지길 바라는 심정으로 기도했다. 밤에 가게에 나가 일하는 동생이 퇴근해서 잠시 어머니 간호를 교대해 주면 집에서 가까운 장로회신학대학교로 자전거를 타고 달려갔다. 신학교 정문 옆 주기철목사순교기도탑에 올라가 기도실 바닥에 눈물을 뿌리며 기도했다. 그렇게 기도한 지 4개월이 지나 어머니 약을 타러 간 서울대병원에서 우연히 보험회사 직원을 만났다.

재조사하러 온 보험사 직원은 보상 대상에 해당하지 않는다는 견해를 굳건히 전달했다. 내가 대학원을 휴학하고 집에서 간호하는 현실을 차분히 설명하니 보험사 직원은 담당 의사 선생님 소견으로 결정하자고 했다. 그 직원은 의사 소견에 어머니 뇌출혈 원인이 외부 충격에 의한 것이어야 한다고 했다. 조금 전 어머니 약 처방을 해준 신경외과 선생님의 진료실로 다시 찾아갔다. 선생님은 어머니 CT 사진을 들고는 다른 말을 덧붙이지 않고 "외상에 의한 뇌출혈이군요" 하며 옆에 있던 인턴 선생님에게 진단서를 써주라고 하고는 다음 스케줄로 바삐 가셨다.

사실 어머니는 고단한 가게 일과 스트레스 누적으로 인한 뇌출혈에 가까웠고, 재해 보상금을 타기에 애매한 요소가 있었다. 주치의 선생님은 그런 갈등에 처한 환자를 자주 봐오셨는지 내 편을 들어주신 것 같다. 보험사 직원은 반론을 펼 시간도 없었다. 진료실을 나오면서 오히려 내게 악수를 청하며 이 보상금은 꼭 드려야 하는 거였는데 그동안 죄송했다며 악수를 청했다.

어머니 간호하며 겪은 수많은 고통의 시간에 하나님이 내 편이라는 사실을 깊이 실감했다. 보험금 문제가 해결된 그날, 어머니 입원 기간에 매일 들러 기도하던 서울대병원 내 교회에서 한참을 울다 나왔다. 그렇게 받은 보험금으로 1년을 견뎠다. 내가 의사, 간호사, 물리치료사, 영양사 역할을 다하고 있었으니 의료용품값과 식자재비만 있으면 견딜 수 있었다.

돈 문제는 부딪힐 때마다 두려우면서도 파도가 밀려오면 멋있게 서핑하듯 타고 넘어간 일이 여러 번 있다. 통장 잔고가 떨어지면 다시 채워지는 일을 얼마나 많이 경험했는지 모른다. 날씨도 선선해지고 통장도 홀쭉해진 어느 가을날,

교회 청년부의 두 간사님과 임원들이 우리 집에 방문했다. 꽤 많은 지목 헌금을 주고 가셨다. 내 통장은 바닥난 채로 1주일을 버티지 않았다. 그 덕에 선교 후원금을 약속했지만, 몇 달을 후원하지 못한 후배이자 파키스탄 선교사에게 후원금을 보낼 수 있었다. 가난할 때 받는 도움은 또 다른 나눔을 가능케 한다. 돈은 통장이 부유한 사람이 나누는 것이 아니라 가난한 마음의 사람이 나눌 수 있다. 두세 달간 어머니께 필요한 용품들을 넉넉하게 장 보면서 그해 겨울을 날 수 있었다.

새해가 되면서 대학원 휴학 기간 만료로 제적의 위기를 맞았다. 다시 복학할 수 없는 형편이라 제적은 별문제가 아니었지만, 입학하며 납부한 등록금이 증발하는 것이 안타까웠다. 당시 나는 입학해 놓은 건축구조 대학원 공부보다 신학 공부에 관심이 기울어 있었다. 낮에 잠깐 쉴 때 잠을 보충해야 하는데 매일 낮잠을 자기엔 청춘의 시간이 아까워 자전거 타고 장로회신학대학교에 자주 갔다. 채플실과 기도실에서 기도하면서 신학 공부에 대한 열망이 더해졌고, 매일 밤샘 간호를 이어 가면서 신비롭게도 몸이 지치지 않았다.

어머니가 몸까지 상하며 고생하신 수고의 대가로 지불한 공대 대학원 입학금은 400만 원에 달했다. 입학만 해두고 수업을 거의 받지 않고 휴학해서 입학금을 지워내기가 힘들었다. 나는 학교에 지불한 입학금의 절반만이라도 돌려받을 수 있기를 기도하고, 오랜만에 모교를 방문했다. 방학 중에 대학원 교학과는 오후 2시에 문을 닫는다는 사실도 모르고 오전에 늘 하던 어머니 목욕과 치료를 마친 뒤 오후 늦게서야 학교에 도착했다. 어머니 간호하며 오전 시간을 집 밖에서 쓴 적이 8년 동안 하루도 없었다. 예비군 훈련을 받을 때도 새벽에 일어나 치료와 목욕을 다 해놓고 다녀왔고, 동원예비군 훈련은 받을 수 없음을 증빙해서 출퇴근 훈련으로 대신했다.

건축구조 대학원 사무실에 가서 자퇴서를 제출하고 오후 4시쯤 대학원 교학과를 찾아갔는데 출입문에 업무가 끝났음을 알리는 안내문이 걸려 있었다. 다행히 남자 직원 한 분이 퇴근하지 않고 있었다. 그에게 사정을 설명하며 등록금 환불 가능성을 여쭈었다. 그런데 내가 방문한 날의 바로 전주에 교육부에서 온 공문에 등록금 문제를 학생 위주로 처리하라고 했다는 것이다! 그는 등록금 환불에 대한 전례가 없지만 내가 최초로 돌려받을 수 있게 됐다고 했다. 깜짝 놀랐다. 사실 나는 그 교직원이 안 된다고 하면 수긍하고 귀가할 참이었다. 그분은 내가 받을 수 있는 금액은 입학금 외 부수적인 금액은 제하고 수업료만 해당한다고 했다. 그 수업료는 신기하게도 입학금의 꼭 절반이었다. 이럴 수가.

'이럴 줄 알았으면 다 돌려달라고 기도하는 건데 왜 절반만 바랐을까!'

웃음이 났고 눈물도 났다.

불가능하리라 여긴 상황이 가능한 현실로 바뀌었다. 그때 환불받은 수업료로 다시 통장의 배가 불렀다. 1999년 봄, 6개월간 그 수업료를 쪼개어 쓰면서 잘 버틸 수 있었다. 꼭 좋은 일만 있던 것은 아니다. 밥도 못 먹고 잠도 못 자게 만든 실연도 겪었다. 난 첫사랑과 헤어짐을 통해 '끝까지 책임지는 사랑'을 묵상하면서 예수님의 십자가 사랑을 좀 더 이해할 수 있었다.

매일 밤 어머니 병원 침대 옆 좁은 공간에서 운동을 했다. 특별한 운동 기구 없이 방바닥과 장롱 아래 틈을 기구 삼아 팔굽혀펴기, 윗몸일으키기를 꾸준히 했다. 전에 없던 근육들이 꽤 단단하게 붙었고 정신적으로도 잡생각이 정리되면서 더 강해졌다. 그 사이에 문학청년의 감성이 차츰 깊어져 틈틈이 글 쓰며 치유를 경험했다.

7월 들어 통장 잔고가 6천 원을 가리켰다. 팍팍한 나날의 절박한 상황에서 꿋꿋하게 견디며 지나온 터라 큰 걱정은 하지 않았다. 그해 교회 청년부에서 내 생일 선물로 가장 필요한 것은 현금이라고 생각했다며 축하 카드와 현금을 보내 주었다. 자존심 상해하지 말고 받으라는 코멘트도 곁들여 있었다. 보내는 사람 이름이 적혀 있지 않은 지목헌금도 받아서 결국 며칠 만에 통장에 꽤 두둑한 잔고가 쌓였다. 내가 알 수 없는 순간에 일하시는 하나님은 매번 내게 살아갈 힘을 주셨다.

집에서 간호하며 어느새 사계절이 흐르자, 초기의 두려움과 달리 일상의 소소한 재미를 맛보며 잔잔한 즐거움이 쌓였다. 나는 주부처럼 장을 보면서 각종 야채와 채솟값부터 식료품, 세제 등의 최저가와 최적의 물품이 무엇인지 구별했고, 단위 개수당 단가 비교표를 머릿속에 입력해 두었다. 짧은 시간에 가장 경제적으로 마트를 누비며 장을 볼 수 있었다. 집 앞에 새로 생긴 마그넷(후에 롯데마트가 됨)이 5분 거리에 있어 큰 도움이 됐다. 어머니 치료에 많이 쓰이는 식염수도 아파트 입구에 있는 약국에서 종로의 약국들처럼 도매로 판매했다. 이런 작은 요소들이 내게는 큰 감동이었다. 절망적인 마음으로 병원에서 어머니를 집으로 모셔 오기 얼마 전에 모두 새로 생긴 곳들이다. 동네 밖으로 나갈 여유가 없는 내게 도움이 되게끔 어머니께 필요한 물품들을 파는 곳들이 집 주변에 모여들었다. 그 가게들을 보면서 나는 '너무 불안해하지 말라'는 메시지를 받았다.

마침내 깨달았다. 살아오면서 염려한 모든 불안과 고통의 삶에 무엇보다 가장 위대한 가설은 믿음으로 살면 살아진다는 것을. 말할 수 없이 고통스러운 비극을 헤쳐가려는 자에게는 길이 보인다. 빌딩 회전문이 움직이지 않아 막혀 있는 것처럼 보여도 가까이 다가가면 돌아가는 것처럼.

누군가를 돌보는 사람은 그 마음을 어디에 두느냐에 따라 견딜 힘을 제공받을 수 있다. 정서적으로 큰 파탄을 맞아도 감당해 내려는 의지와 믿음을 붙잡으면 치유가 일어난다. 그런 믿음 없이는 죽은 삶과 다름없는 현실은 내 힘이 아닌 외부에서 주어지는 도움으로 극복된다. 평생 돈 걱정할 일 없는 부자는 이런 삶의 환희를 알기 어려울 것이다. 젊은 날에 돈 문제로 겪는 환희를 조금이라도 맛본 경험은 내 인생의 큰 자산이다.

가난 속에서 다른 사람의 가난을 생각하다
어머니 간호하며 배운 결핍의 행복

집에서 장기간 간호하며 몇 가지 의료기구들을 다루다 보면 기구의 수명이 다할 때 불안해진다. 특히 어머니 호흡에 중요한 석션기가 갑자기 작동되지 않으면 끔찍한 공포감이 밀려온다. 곧바로 환자가 저산소증으로 위험해질 수 있다. 욕창을 방지해 주는 에어매트리스도 1년 정도 쓰면 구멍이 생겨 공기 순환이 되지 않는다. 여분을 준비해 둘 만한 재정이 없었다. 불안불안한 마음의 대책으로 석션기는 자주 고장 나 거의 수명이 다한 것을 일단 수리해서 비상시 임시 방편용으로 보관해 뒀고, 에어매트리스는 바람이 빠지면

일단 구멍을 때운 뒤 새것을 알아봤다.

　의료기구 문제와 관련해 2007년 노인장기요양보험법 제정 후 요양서비스가 시행 중이라면 어머니는 1등급 환자여서 복지용구 대여가 가능하지만, 그전까지는 내가 해결해야 할 부담이었다. 노인장기노인요양보험에 대해 쓸 말이 많다. 어머니는 그 제도가 시행됐을 때 투병한 지 10년 차인 60세였다. 전신마비의 장애 1급이고 뇌출혈이 노인성 질병으로 인정돼 1등급을 받았지만 아무 혜택도 없었다. 보건복지부에서 선진국형 복지제도라고 홍보했어도 의료서비스가 필요한 어머니께는 무용지물이었다.

　고가의 새 석션기를 예비로 사둘 만큼 형편이 좋지 않았다. 그저 고장 안 나고 잘 작동되기만을 기도했다. 고장 날 때쯤이면 어렵지 않게 교체할 수 있기를, 내가 곁에 있을 때 사건이 일어나기만을 바랄 뿐이었다. 중환자인 어머니를 간호하면서 부자였으면 얼마나 좋을까, 하는 마음이 수시로 찾아왔다. 하지만 가난한 중에 절실히 기도할 때 응답받은 고마운 기억이 많다. 고마운 기억은 장기 케어하는 데 큰 자산이 되었다.

평일 낮에 어머니 간호를 맡아 주시는 아주머니와 교대하고 잠시 집을 비울 때 의료기구가 고장 나는 경우에 대비해 늘 휴대폰을 주시하며 외출했다. 장을 보거나 잠시 약속이 있어 외출할 때 내 활동 반경은 거의 집 주변이었다. 외출 시 한 번은 꼭 집에 전화를 걸어 확인해야 마음이 놓였다.

한번은 석션기의 스위치와 작동 소음이 약간 이상했다. 흡입력도 떨어져 있어 몹시 걱정됐지만 담대하게(?) 교회에서 예배드리고 집에 돌아왔다. 그런데 내가 집에 온 후 바로 석션기가 작동되지 않았다. 고장 난 것 자체는 좋지 않지만, 내가 올 때까지 버텨 준 석션기가 고마웠다. 전에 쓰다가 흡입력이 약해져서 수리해 보관해 둔 예비 석션기를 꺼내 응급 처치했다. 그나마 월요일까지 버틸 만큼은 석션이 되었다. 안도의 숨을 쉬고 하나님께 감사드렸다. 교회에 있을 때 사고가 났다면 급하게 택시를 타고 집에 달려와야 했고, 내가 조치하기 전까지 어머니는 호흡이 불편한 사태에 직면했을 것이다. 여차하면 119를 불러야 했다.

나는 당장 닥치지 않은 문제에도 비극의 시나리오를 쓰며 처참한 결론을 상상하는 버릇이 있다. 하루하루 시간이 흐르는 가운데 돌발 상황에 접하고 다시 이겨내다 보니, 도달하지도 않은 비극의 시나리오를 상상하는 습관이 바뀌었다. 언젠가부터 상황 자체만 놓고 생각했고, 오히려 그 안에서 다행이고 감사한 점을 발견했다.

가정용 병원 침대와 에어매트리스는 완전히 망가지기 전에 최대한 수리 방법을 찾았다. 끊어진 침대 이음쇠를 끈으로 묶고 청테이프로 감아 각목을 대어 보강해서 썼다. 구멍 난 에어매트리스는 접착제로 때우며 사용하지만, 계속 바람이 새어 나오면 겨울엔 하루 이틀 견딜 수 있어도 땀이 차오르는 여름에는 바로 교체해야 했다. 새것을 알아보러 의료기구점을 들러보니 항균처리가 된 쓸 만한 것을 사려면 꽤 큰 비용이 들었다. 한여름 무더위로 체온조절이 힘든 어머니를 위해 방에 작은 벽걸이 에어컨이 있어야 할 것 같아서 돈을 모았는데도 좋은 에어매트리스 사기에는 충분치 않았다. 청춘기에 나는 사고 싶은 것, 하고 싶은 것이 없었다. 모든 초점은 엄마의 안전한 하루하루에 맞춰져 있었다.

마침 가정간호사님이 논현동의 어느 부잣집 할머니가 퇴원하신 지 얼마 되지 않아 돌아가셔서 거의 새것인 병원 침대와 에어매트리스, 석션기, 휠체어 등 의료기구들을 한꺼번에 가져갈 사람을 찾는다고 알려 주셨다. 내겐 굿뉴스였다. 마침 그때 어머니처럼 호플리스로 퇴원한 다른 가정으로부터 침대와 휠체어가 필요하다는 연락을 받았다. 처음엔 모든 게 척척 들어맞는다 싶었다. 우리 집 의료기구들을 처리할 고민도 없어지는구나, 했다. 그런데 생각해 보니 그게 아니었다. 내가 여기저기 수리한, 어머니가 지금 누워 계신 낡은 침대를 남에게 흘려보낼 수 있을까? 논현동에서 가져올 좋은 새 침대를 드려야 하지 않을까? 마음 같아서는 먼저 찜했으니, 새것을 가져와 어머니께 먼저 교체해 드리는 것이 당연하다 싶다가도 이렇게 낡은 헌 침대를 받을 환자 가정을 생각하니 마음이 움직이지 않았다.

'거저 받게 된 물건에 이렇게 내 편리만 생각하는 것이 옳을까?'
'그게 욕심인가? 나도 아껴가며 다 돈 주고 사서 써왔는데?'

결국 어떤 생각에 이르러 두 가지 마음이 하나로 통합됐다. 그 환자 가정이 크리스천이 아닐 수 있다는 것이다. 난 여러 중보기도자를 통해 하나님께 공급받을 수 있지만, 그

환자 가정이 공동체 없이 견디고 있다면 나보다 훨씬 어려울지 모른다는 생각이 들었다. 어머니 침대는 버릴 정도로 망가지지 않았고 그동안의 수리 노하우로 내가 계속 고쳐 쓸 수 있다. 시원하게 양보하기로 하니 마음이 편해졌다. 병원 침대를 포기했기 때문에 용달차를 부르지 않고 교회 후배의 도움으로 손쉽게 어머니께 사용할 의료기구들을 실어 왔다.

가져온 에어매트리스를 깨끗하게 세탁해서 어머니 침대에 깔아드렸다. 거의 새것이라 공기 순환도 잘되고 어머니 표정도 내 마음도 개운해졌다. 거기다 석션기가 잇따라 고장 났을 때 대체할 수 있는 튼튼한 비상용 기계까지 생기니 마음이 부자가 되었다. 다른 가정에 양보한 새 침대 생각이 나지 않았다. 또 하나의 굿뉴스는 여름에 더위 때문에 고열을 견뎌야 하는 어머니를 위해 사고 싶던 에어컨 문제가 해결된 것이다. 미국 필라델피아의 어느 한인 교회 사모님이 내 홈페이지의 글을 보고 후원금을 보내 주셨다. 엄마 방에 설치할 6평형 벽걸이 에어컨값에 꼭 맞는 돈이었다. 돈의 많고 적음이 부자와 가난한 자를 가르는 잣대는 아니라고 생각한다. 어떤 백Back이 있느냐가 기준이다. 내게 백은 하나님이다. 신앙의 힘은 인내와 소망을 잃지 않게 해주었다. 그 힘으로 내가 얻은 기회를 기꺼이 양보할 수 있었다.

밀레니엄 2000년을 며칠 앞두고 그다지 비싸지도 않은, Y2K 정전 대비 가정용 발전기를 살 수 없어 크게 낙심한 적이 있다. 당시 뉴스는 2000년 새해를 맞는 자정에 정전이 일어나 대혼란을 초래할 것 같은 불안감을 크게 높여 놓았다. 우리 집은 정전이 나면 큰일이다. 석션기, 에어매트를 작동시킬 예비 전력이 있어야 한다. 전자상가에서 30만 원이면 살 수 있는 가정용 발전기를 살 돈이 없어 포기했다. 정전이 일어나면 119를 불러 가까운 병원 응급실로 가기로 하고 뜬눈으로 밤을 새웠다. 다행히 2000년으로 넘어가는 새해에 정전은 일어나지 않았다.

거저 받았어도 더 좋은 것을 남에게 주기란 쉽지 않다. 그러나 가난한 중에 다른 사람의 가난을 생각하는 것은 축복이다. 많이 받아서 나누는 것보다 적은 것 중에 내게 온 기회를 온전히 나누는 사람, 그리고 내가 가지고 있는 것에 자족하는 사람이 진정한 부자다. 원하는 것이 많은 부자보다 더 이상 원하는 것이 없는 빈자가 더 행복한 법이다.

대학 졸업과 동시에 청춘부터 중년 가장에 이르기까지 20년간 어머니를 간호하면서 배우게 된 '결핍의 행복'은 내 마음에 계속 뿌리내리고 있다. 그리고 상황이 발생할 때마다 나를 가르쳤다. 불안이 엄습해 와도 사시나무 떨듯 불안해하지 않는 법, 항상 내일을 계획할 수 없어도 빨리 자족하는 법, 어머니와 함께 살아 있고 살아내고 있다는 사실만으로 남들이 얻지 못한 드라마를 경험하는 복 있는 사람이란 것. 그렇게 어머니는 의식이 없는 중에 아들에게 벼랑 끝에서 사는 법을 알려 주셨다.

풍요롭지 않아도 풍성한 삶

포기하고 싶은 순간이 기쁨을 얻는 순간

나의 첫 직장은 2005년 1월 신년식부터 출근한 대성그룹 홍보실이다. 내 책을 읽으신 사장님께 특채돼 회장님의 연설문 작성과 홍보 콘텐츠 제작을 담당했다. 대학 졸업 후 7년 동안 병간호만 하다가 취직했으니, 나이가 좀 있는 평사원이었고, 맡은 업무가 중요해 거의 매일 마감하며 써내야 하는 글이 많았다.

회사 일을 하면서 피곤이 풀리지 않은 몸으로 주중에 오전 근무만 하고 오후에 두 번과 주말과 주일까지 총 네 번을 어머니 병원으로 달려가 간호했다. 당시 나는 집에서 8년간 간호하다가 2004년 봄에 집을 내놓게 되어 어쩔 수 없이 강서구 화곡동에 있는 한 요양병원에 어머니를 입원시켜 드리고 돌봤다. 그다음 해에 경기도 이천의 요양병원으로 옮겼다. 요양병원은 1년 이상 있기가 힘들었다. 어머니 간호의 질을 떨어트리는 심각한 문제가 발생하면 다른 병원을 찾을 수밖에 없는 고단한 노마드 간호를 이어갔다.

일주일 내내 일과 간호를 병행하다 주일을 맞이하면 아침에 몸이 꿈쩍도 하지 않았다. 회사에서 가장 높은 분의 이름으로 나가는 연설문, 칼럼 등을 써야 했기에 어머니 병원에서 병원이 하지 못하는 병간호를 하고 오면 근무 시간이 부족해 칼퇴근을 한 적이 거의 없었다. 지하철에서 의자에 앉아 눈을 감으면 10초 안에 잠들었다.

지금의 아내와 만난 지 6개월쯤 흐르자 슬슬 결혼 준비를 해야 할 때가 왔다. 가장 큰 스트레스는 회사 업무도 병간호도 아니었다. 매달 월급이 통째로 병원비에 들어가 통장에 잔고가 없는 상태로 결혼을 앞둔 현실이 답답했다. 돈에 대해 초연할 만한 경험이 많았어도 결혼이라는 낯설고 큰 문 앞에서는 초라해졌다. 같은 사무실에서 일하는 디자인팀장이 12월에 혼인 날짜를 잡아두고 웨딩 촬영을 마쳤다는 소식을 들었다. 곁에서 결혼식에 필요한 준비를 바쁘게 해가는 회사 동료를 보면서 나는 더 조급해졌다.

'둘이 살 만한 적절한 집을 구할 수 있는 돈이 있으면 얼마나 좋을까?'

결혼을 현실로 마주한 내게 신혼집을 구하는 문제는 넘기 힘든 사차원 벽 같았다. 만나는 사람마다 날짜 잡았냐는 질문을 해왔다. 돈 없는 예비 신랑 처지에서 뭐라 말할 수 없는 심경에 몰래 한숨만 쉬었다. 서민들에게 공통된 흔한 질문 '세상에 이 많은 집 중에 내 집은 왜?'가 머리에서 떠나지 않았다.

어느 주일 아침, 자리에서 일어나지 못했다. 늦잠으로 피로를 풀기로 하고 이불 뒤집어쓰고 있다가 걱정하고 시달리기만 하는 자신을 책망하며 오후 예배 시간에 맞춰 교회로 갔다. 마침 청년부 선교의 밤이 열리고 있었다. 답답한 마음을 기도로 털어놓고 싶은 심정에 마음이 가난하고 절박해져 그날 예배에 깊이 집중했다. 그해 여름에 단기 선교 여행을 다녀온 청년들 모습이 담긴 동영상을 보는데 눈물이 났다. 이 지구촌의 힘들고 가난한 나라에 가서 손잡고 무릎 꿇고 그 나라를 위해 기도하는 모습, 그 귀하고 아름다운 발걸음에 감동이 밀려왔다. 나를 깊이 돌아보고 현재의 형편에 감사하고 자족하는 마음을 회복했다.

그날 선교의 밤 순서 중에 지난여름 나와 함께 성경공부를 한 경희가 강단에서 자신의 이야기를 들려주었다. 간호사인 경희는 1년 동안 방글라데시에 가서 의료 봉사를 하기로 했다. 그런데 내가 미처 몰랐던 사연에 충격을 받았다. 그녀의 올케언니가 사랑니를 발치하고 잘못돼 패혈증에 걸려 갑작스레 세상을 떠났다는 것이었다. 간호사 월급으로 모아둔 돈을 모두 올케언니 병원비로 썼다. 게다가 최근 어머니도 중환자실에 입원해 통장에 남은 돈을 모두 병원비로 썼다고 한다. 그런 어려움에 굴하지 않고 청춘의 시간을 방글라데시에서 봉사하려고 떠나기로 한 것이다.

나는 경희의 결심에 큰 감동을 받았다. 어려운 가운데 더 어려운 곳으로 향하는 그 결단을 듣고 눈물이 쏟아졌다. 선교에 필요한 예치금 50만 원이 없어 동생에게 빚을 지고 간다는 이야기에 나는 가만히 있을 수 없었다. 잘 다녀오라고 기도만 하는 것은 직무 유기란 생각이 들었다. 저녁 식사를 마치고 은행에 달려갔다. 경희가 빚낸 액수를 지원하고 싶었다. 마침 내 통장 잔고는 신기하게도 딱 50만 원이었다. 그 돈을 인출해서 다른 조원을 통해 몰래 전달했다. 누가 보면 제정신이 아니라고 할지 모를 만큼 순식간에 결정하고 실행했다. 그날 오전까지 결혼에 필요한 재정이 없어서 이부자리에서 일어나지도 못할 만큼 끙끙 앓다가 가지고 있던 얼마 안 되는 돈을 오후에 교회에서 모두 선교헌금으로 보냈으니, 하루의 아침과 저녁이 달라도 너무 달랐다.

나는 백수로 집에서 8년간 어머니 간호에 매달리면서 시시때때로 많은 분께 도움을 받아왔다. 내가 받은 사랑을 조금이라도 나눌 수 있는 건 축복이다. 경희가 방글라데시로 떠나기 전에 그 빚을 해결해 줄 만큼의 돈이 내 통장에 있다는 것 자체로 기뻤다. 교제 중이던 이에게 그날 전화로 선교의 밤으로 드린 예배 후 헌금한 얘기를 들려주었는데 아주 잘했다며 칭찬했다. 세상 사람들이 보면 참 현실감 없는 바보 커플일 수도 있겠지만, 사랑을 받고 사랑을 나누는 모습은 바보 같아야 한다. 방글라데시 현지에서 아픈 사람들을 돌보는 경희가 늘 용기 잃지 않기를, 그녀의 가정에 계속되는 어려움이 차근차근 해결되고 나아지기를 기도했다.

다음 날 아침, 월요병이 찾아왔다. 어제 기뻤던 마음은 오간 데 없고 출근 후 해야 할 많은 일에 마음이 짓눌렸다. 선한 일을 조금 했더라도 일상은 변함없이 거칠거칠하고 힘든 문제 그대로다. 요술 방망이처럼 인과응보식으로 일이 풀리는 것은 동화나 드라마에서 있는 일이다. 지치고 고단한 마음으로 하루하루 보내다가 수요일 오후 어머니 병원에 달려가 간호를 마쳤다. 목요일 아침, 월요일보다 더 고단한 몸으로 출근하려는데 아파트 입구 편지함에서 노란 편지 한 통을 발견했다. 《어머니는 소풍 중》을 출간한 출판사 이름이 찍혀 있었다. 연말이 다가오니 출판사에서 저자에게 보낸 안부 편지 정도로 생각하고 봉투를 뜯어보았다.

그런데….

드디어 내 책의 3쇄가 출간되었다는 소식이 들어 있었다. 서점에 들를 때마다 내 책보다 늦게 출간된 책들이 5쇄, 10쇄 나가는 걸 보고 은근히 부러워했다. 내 책은 초판이 출간된 뒤 2주 만에 2쇄가 나와서 기대감이 부풀어 올랐지만 이후 판매 속도가 붙지 않다가 1년이 지나 3쇄가 발간된 것이다(감사하게도 매년 추가 증쇄를 해 9쇄까지 나왔다). 내 책의 출판사는 증쇄를 찍을 때 저자에게 인세 보고를 하고 판매 전에 찍은 부수의 인세를 입금해 준다. 내가 받은 3쇄 인세는 어제 교회에서 경희에게 전달한 금액보다 많았다. 동화 같은 현실이다. 되로 주면 말로 돌아오는 이거, 실화 맞나?

그리고 시간이 흘렀다. 방글라데시 의료선교를 잘 마치고 귀국한 경희는 강동구에 있는 병원의 간호사로 근무하며 좋은 배우자를 만나 가정을 이루었다. 어느 주일에 아기를 업고 교회에 나온 경희와 담소를 나눴는데 "그때 선교비 50만 원 후원해 준 사람이 오빠란 걸 알고 있어요" 하며 내게 어머니 병원비로 써달라고 100만 원을 건넸다. 장기 간병을 하며 매달 병원비 해결이 쉽지 않았는데 이렇게 다시 은혜를 입었다. 비밀로 해달라 부탁하고 경희 친구에게 전달한 작은 일, 오른손이 한 일을 왼손과 두 발은 모두 알고 있었다.

포기가 떠오르는 순간이 기쁨을 얻는 순간이다. 고통의 연속인 인생은 반전의 연속이기도 하다. 어려움에 부딪힐 때마다 꼭 필요한 만큼의 해결책이 주어졌다. 너무 찔끔찔끔 주어져 눈물이 쏟아진 적도 있지만, 넘치지도 부족하지도 않게 채워지는 경험은 홍해가 갈라지는 기적을 맛보는 것처럼 놀라운 기적이다. 목마를수록 영원히 시원한 생수의 맛은 다를 수밖에 없다.

내게 낯설고 어려운 상황, 무미건조한 고통의 현실이 계속됐지만 결혼에 무사히 골인했다. 결혼은 내게 특별은총이다. 오랫동안 내 고통을 곁에서 지켜보고 마음 써주며 내가 잘되길 바란 약사 친구 김대현은 지금까지 본 결혼식 중에 내 결혼식이 가장 성대했다고 한다. 순탄하게 결혼할 형편이 되지 못했어도 결혼에 이르는 과정은 행복했다. 소심함과 우울함에 빠질 때 내 마음 중심을 어디에 두느냐에 따라 어깨가 가벼워진다. 풍요롭지 않아도 하루하루 일상에서의 선택에 따라 풍성해질 수 있다. 그 일상의 선택은 또 다른 풍성한 사건으로 연결된다.

8년 만에

평범한 일상을 살게 됐어도 익숙해지지 않는 나날

2004년 초, 어머니를 간호하며 살아 온 집에서 더는 살 수 없게 되었다. 8년 동안 집에서 간호하면서 의료비 지출은 몸으로 막을 수 있었지만, 계속 이어지는 지출을 감당할 수 없는 지경에 이르렀다. 어머니가 힘들게 일해서 얻은 집을 내놓게 되었다. 어쩔 수 없이 장기 입원이 가능한 시설을 찾아야 했고 그즈음에는 장기 입원 환자를 받아 주는 요양병원이 많이 생겨났다. 나를 처음으로 대중 앞에 세워 강사로 초대한 각당복지재단의 무지개호스피스 김양자 교육 실장님이 화곡동의 한 요양병원을 소개해 주었다. 그해 설 연휴까지 나는 집에서 어머니를 간호하며 낯선 미래에 대한 두려움과 염려를 떨치려고 마음을 다스려야 했다. 떨리는 마음으로 집에서는 마지막일 수 있는 설 연휴 기간 간호를 마친 다음 날 앰뷸런스를 불러 화곡동의 요양병원으로 어머니를 모시고 갔다. 구의동에서 화곡동까지 서울을 횡으로 달리는 긴 도로를 지나가며 난 겨우 눈물을 참았다. 미리 봐둔 침상에 어머니를 눕히고 8년 만에 어머니와 떨어지는 날을 감당할 수 있을지 걱정이 앞섰다. 특히 아주 섬세하게 살펴드린 내 손길에서 요양시설의 공동 간병 서비스로 바뀐 뒤 어머니가 적응하실 수 있을까 두려웠다. 내가 능력이 안 되어 어머니를 집에서 계속 모실 수 없는 것이라는 자격지심에 가슴이 아팠다.

요양병원은 대부분 치매와 노쇠로 입원한 어르신 환자들이 입원해 계셨다. 어머니 옆 베드에는 오래전에 입원한 중환자 할머니가 누워 계셨다. 그분의 보호자들이 면회하는 것을 한 번도 본 적이 없다. 입원시켜 놓고 병원비만 내면서 가족들은 거의 포기한 모양이다. 그 할머니는 병상의 세월이 어머니보다 훨씬 짧은데도 얼굴과 몸은 영화 〈반지의 제왕〉에 나오는 골룸처럼 일그러져 있고, 항상 열이 나서

상의는 입히지 않고 얇은 이불에 덮인 채 오그라진 자세로 누워 계셨다. 목에는 가래가 계속 끓어, 어머니 간호해 드리면서 안타까워 내가 다가가 석션을 해드린 적도 있다. 얼마 후 침대가 비어 있어 여쭈어보니 돌아가셨다고 했다.

나는 모든 것이 8년 만에 처음이었다.
8년 만에 밤 시간에 강남역에서 삼겹살을 먹었다.
8년 만에 밤 시간에 종로에서 퇴근한 친구와 차를 마셨다.
8년 만에 밤 시간에 대학로의 인파 속을 걸었다.
8년 만에 밤 시간에 교회 청년회 모임, 수요 예배, 금요 예배에 참석했다.

하지만 8년 만에 얻은 일상의 자유는 내게 기쁨을 주지 않았다. 불안감이 자주 스쳤다. 어머니도 병원에서 점차 골룸과 같은 모습으로 나빠지지 않을까? 하나님이 이제 내가 하고 싶은 일을 하도록 길을 열어 주셨다고 생각했지만, 어머니는 힘들어지신 게 아닐까? 그래서 8년 만에 처음 하는 모든 것에 조금도 신이 나지 않았다.

나는 집에서 쓰던 의료기구 장비들을 큰 가방에 챙겨서

집에서 왕복 세 시간이 넘는 화곡동까지 거의 매일 어머니를 면회하러 갔다. 집에서의 모습처럼 내 손으로 직접 어머니를 간호해 드려야만 안심할 수 있었다. 요양병원의 넓은 다인실은 벽이나 칸막이가 없었다. 간병인 두 분이 치매 노인을 포함한 30명 이상의 노인 환자를 돌봤다. 그 노인 환자들 속에서 어머니는 가장 젊고 심각한 중환자였고 거의 방치된 모습이었다. 석션을 깔끔하게 하는 간병인은 한 분도 없었다. 어머니는 집에서 내 간호를 받던 시기에 비해 바로 상태가 나빠졌고 표정도 일그러져 있었다. 요양병원의 돌봄 퀄리티는 내가 집에서 어머니를 간호하던 수준의 10퍼센트도 되지 않았다. 그것도 넉넉하게 잡아야 10퍼센트다.

8년 만에 처음 간 교회 수련회에서도 마음이 불편하기만 했다. 집에 돌아오자마자 곧바로 간호 장비를 챙겨 어머니께 달려갔다. 어머니 목 속에 가득 고여 있는 가래를 석션하고, 토해서서 오물이 묻은 Y거즈를 드레싱하고, 베개를 갈고 환자복을 새로 입혀드리고, 얼굴과 손발에 붙은 각질을 비누와 물로 씻겨 내고, 기저귀를 갈면서 큰 고통이 밀려왔다. 미안함과 죄송한 마음은 덜어낼 수 없었다.

요양병원에서 간호를 마치며 내 손길로 열이 떨어져 편안하게 눈을 감고 주무시는 어머니 얼굴에 입을 가까이 대고 기도했다.

"하나님께서 제가 없는 빈자리를 지켜 주시고 어머니를 사랑해 주시며 고통을 덜어 주시길 간구합니다."

교회 수련회를 마치고 온 그날, 요양병원을 나오면서 굵은 눈물이 줄줄 흘렀다. 아무런 자격도 없고 아무것도 아닌 나, 스스로 깝죽거리지 말고 겸손하게 이 모든 상황을 다시 견디고 감당해야 한다고 다짐했다. 사랑하는 어머니의 모습을 힘써 지킬 수 있게 몸도 정신도 더 단련해야 했다. 식물인간의 모습으로 8년이나 누워만 계신 현실을 이해하려 애쓰지 말고, 어머니께 꼭 필요한 아들로 돌봐드려야 하는 매 순간의 짐을 계속 이고 가야만 했다.

2017년 10월 14일, 어머니가 하늘의 부름을 받은 날이다. 나는 지금도 어머니 간호에 손을 놓고 있는 현실이 매우 낯설다. 병원에 가서 돌봐야 한다는 생각이 가슴 깊은 곳에서 사라지지 않는다. 밤에도 누군가를 만날 수 있다는 시간의 자유가 여전히 어색하다. 오랜 세월 어머니를 직접 간호하고 병원비 마련을 위해 동분서주하며 집과 병원 그리고 직장과 교회의 동선만 오가다가 평범한 일상을 사는 게 낯설다. 이 낯섦과 어색함은 어머니와 함께한 세월을 기억하게 하고 지금 살아가는 삶이 선물임을 상기시켜 주기도 한다.

두 번째 가족사진

첫 가족사진 이후 8년 만에 다시 찍은 사진

연년생인 여동생 수미가 둘째를 낳고 나서 우리 가족이 모여 두 번째 가족사진을 찍었다. 새 가족사진은 8년 전 건강한 모습의 어머니와 함께 찍은 그 모습으로 구도를 정했다. 엄마가 앉아 있던 자리에 수미가 앉고 수미의 자리에는 성품 좋고 든든한 매제가 앉았다. 그리고 아버지 무릎엔 우리 가족의 사랑스러운 귀염둥이로 태어나 한껏 재롱을 부리는 어머니의 첫 외손녀 서영이가 있고, 수미의 품에는 생후 27일 된 건강하고 예쁜 둘째 공주 보영이가 살짝 찡찡대며 안겨 있다.

사진에 어머니는 없다. 오랜 세월 누워계시면서 가족들 걱정이 가장 크실 것이다. 우리 가족들이 어려운 시기를 잘 극복해 가고 있을 뿐만 아니라 새로운 가족이 늘어 남부럽지 않은 모습으로 살고 있음을 보여드리고 싶었다. 아프신 어머니를 돌보면서 집안을 정돈하고 어머니의 빈 곳을 메워 온 내 청춘은 그 무엇과도 바꿀 수 없는 소중한 시간을 잘 살아왔음을 증명하고 싶었다.

나는 8년을 집에서 어머니를 간호했지만 늙거나 병들지 않았다. 심지어 흰머리도 주름도 생기지 않았다. 8년 전 대학교 4학년 때 처음 찍은 가족사진과 비교하면 마치 시간이 멈춘 듯 피부도 좋아졌고 어깨도 넓어졌다. 성경의 여호수아서 10장에 여호수아가 아모리 연합군과 전투할 때 태양이 기브온 위에 머물고 달이 아얄론 골짜기에 머물러 시간이 멈춰 크게 승리한 사건이 있다. 하나님이 여호수아가 전투에서 이기도록 시간을 멈춰 주셨듯이 지난 8년간 집에서 간호하며 살아온 내 청춘의 시간도 멈춰 주신 듯하다. 나는 고생하며 꽉 나이 든 얼굴이 되지 않았다. 삶의 행복은 환경에 있지 않고 마음에 있다. 어디에 시선을 두느냐에 따라 척박한 환경의 연속이어도 마음에 평안이 깃들고 몸에는 생기가 유지된다.

물론 힘들고 고통스러웠다. 영케어러로 집에서 보낸 길고 긴 세월이 어떻게 흘러갔는지 모르게 빠르게 지나왔다. 매일 똑같은 삶이었고, 정신력과 체력으로 버티기 힘든 시간이었다. 매일 글을 쓰며 성경을 읽고 마음의 치유와 평안을 반복해서 얻었다. 돌아보면 때에 따라 하나님은 내게 사람과 돈을 보내 주셨고, 불행하기보다는 기쁨과 위로의 순

8년 만에 찍은 두 번째 가족사진

간이 많았다. 어머니의 세심한 사랑과 깊은 헌신이 있었기에 우리 가족은 무너지지 않고 각자의 삶에서 우뚝 서서 어려움을 이겨낼 힘을 얻었다.

우리 가족이 외적으로 달라지고 내면으로도 성숙하게 변화해 간 모습을 어머니가 일어나셔서 보신다면 얼마나 좋을까? 조금 늦었지만 사위에게 씨암탉도 잡아 주시고 외손녀들을 안으며 행복해하는 어머니 얼굴을 뵐 수 있다면, 나는 이 땅에서 가장 큰 선물을 받은 아들일 것이다. 끝이 보이지 않는 터널 같은 고통의 세월은 온통 찬란한 빛으로 바뀔 것이다. 어머니를 간호하며 아무런 원망 없이 사랑만 간직하고 견뎌온 삶은 지금도 앞으로도 변하지 않을 것이다. 내가 어머니를 돌본 많은 시간은 생각의 근육이 성장한 기간이었다.

결국 이 땅에서 어머니와 함께한 가족사진은 찍지 못했지만, 천국에서 이보다 훨씬 더 행복한 모습으로 어머니와 다시 가족사진을 찍을 수 있는 그날을 믿는다.

마디와 매듭

쓰러지지 않고 다시 시작할 힘의 근원

어려움은 내게 늘 떼려야 뗄 수 없는 친구처럼 따라다녔다. 신혼 시절에도 평일 중 하루와 매주 주말에 계속 병간호를 해야 했다. 주 4일을 병원에 방문해서 간호해 오다가 직장에 다니며 주 3일로 줄였고, 결혼하며 주 2일로 줄였다. 더 줄이면 어머니께 욕창이 생길 확률이 100%였다. 나는 간호 일수를 줄이는 게 늘리는 것보다 훨씬 괴롭고 힘들었다.

직장과 가정의 볼륨이 커질수록 어머니 간호에 드는 체력도 많이 소모됐다. 화곡동의 C요양병원에서 여러 문제들

이 생겨 경기도 이천의 Y병원으로 옮겼다가 이곳에서 결핵에 걸리셨다. Y병원에서 결핵 치료를 반복하다가 중환자 간호를 전혀 할 줄 모르는 간병인이 엉망으로 간병하는 것을 더는 참기 어려워졌다. Y병원에서의 생활을 마감하고 서울의 다른 적절한 병원으로 옮기기로 했다. 첫째 영승이의 출산일을 앞두고 있어 먼 거리를 오가며 어머니 병간호에 소모되는 에너지를 비축해야 했다. 일주일에 두 번 가던 병간호 횟수를 줄일 수 없으니 병원 오가는 거리를 조정하기로 한 것이다. 그래서 서울 천호동의 R병원으로 모시고 왔다. 매월 고정 지출이 높아지는 것도 문제지만, 그보다 더 마음을 힘들게 한 건 많은 처치가 필요한 어머니께 다시 낯선 병원이 잘 맞을까 조마조마했던 것이다.

걱정이 땅속을 파고들 것 같은 마음을 참고 어머니를 입원시킨 R병원에 입원시킨 후 이튿날 달려가 보았다. 1년 반 정도 있던 이천의 Y병원보다 비용이 더 드는 R병원으로 오시자마자 어머니는 기본기를 못 갖춘 데다 불성실하기까지 한 간병인의 손에 의해 다시 급격히 악화됐다. 그 간병인은 어머니 간호에 필요한 내 설명을 들은 체 만 체했다. 어머니 가래가 심해지고 열이 펄펄 끓자 내가 매일 와서 간호할 것으로 알았다고 한다. 이곳에서 치료와 돌봄을 받게 놔두었다가는 고통만 겪게 될 게 뻔하여 내 마음은 지옥이 되고 말았다. 그 외에도 R병원은 무책임한 요소가 많았다. 좀 특이한 보호자인 내 눈에는 그 허술함이 너무 잘 보였다. 보호자는 항의할 말이 있어도 참아야 하는 무력한 약자의 위치에서 탄식만 쏟아야 하는 서러운 처지였다.

결국, 시스템이 빈약한 R병원에서 어머니를 모시고 나오기로 했다. 다급하게 알아본 영등포의 M병원과 상담했고 하루라도 빨리 전원할 수 있는 날짜를 잡았다. 병원을 옮기는 일은 환자와 보호자 모두에게 큰 스트레스다. 총각 시절 집에서 내가 밤낮으로 섬세하게 간호할 때가 훨씬 편했다. 집에서 간호하기가 어려워지고 취직하고 결혼하면서 어머니의 힘든 병원 생활을 시작한 건 큰 아픔의 과정이었다. 가장 잘 간호할 수 있는 내가 어머니를 남에게 맡겨 놓고 생활하는 건 아이에게 젖을 먹이지 않고 일하는 엄마 심정과 같다. 게다가 병원을 옮긴 지 일주일 만에 또 옮겨야 하니 얼마나 처참해졌는지 모른다. 도대체 끝이 보이지 않는 이 터널에서 전혀 빛이 안 보이면 어쩌란 말인가.

그 무거운 마음으로 병원에 갈 때 걸려 온 K의 전화를 받았다. K는 교회 청년부 시절에 만난 치과의사다. 그녀와 결혼한 이도 같은 교회에서 잘 알고 지낸 후배다. K는 결혼 후 남편 직장을 따라 지방으로 내려가 아기들을 키우고 있었다. 우리 모자가 겪고 있는 고통을 위로하던 K 부부는 곧 태어날 아기가 큰 축복을 받기를 바란다며 후원하고 싶다고 했다. 병원 문제로 괴로웠던 나는 K의 전화에 큰 위로를 받았다. 끊임없이 따라다니며 괴롭히는 돈 문제로 고민이 많던 터라 어머니 간호를 마치고 귀가한 뒤 문자메시지를 보냈다. 계좌번호를 타인에게 노출하지 않던 내게 오히려 K가 고맙다며 백만 원을 입금해 주었다. 그때 M병원으로 이원하려면 보증금 백만 원이 필요했다. 나는 아무에게도 이 필요를 언급한 적이 없었다. K는 어떻게 다 알고 있기라도 한듯 딱 맞는 금액을 내게 보내 줬을까? 구약성경의 만나가 또 내린 날이었다.

당시 나는 회사에서 기대했던 승진 발표에 누락돼 낙심하고 있었다. 내가 일하는 홍보팀에 합류한 김 과장님이 회의실로 불렀다. 자기 동생 결혼식을 잘 마치고 가족이 감사 헌금을 하려고 대상을 찾다가 내 책을 읽은 과장님 어머님이 내게 헌금했으면 한다는 것이다. 무조건 받아달라며 주신 헌금이 백만 원이었다. 내가 결혼을 준비할 때 병원비 지출하고 재정이 바닥난 상태였을 때도 교회의 어떤 성도가 이름을 밝히지 않고 지목헌금을 전달해 주셨는데 백만 원이나 들어 있었다. 첫 아이가 태어났을 때 너무 기뻐 갓 태어난 아기 사진과 함께 글을 썼을 때였다. 그때도 만난 적 없는 내 책의 독자가 결혼과 아기 탄생 모두 축하한다며 육아에 쓰라고 백만 원을 보내 주셨다.

병간호로 신혼다운 기쁨을 제대로 누리지 못할 때 그렇게 매번 백만 원의 만나가 내게 왔다. 그렇게 큰돈을 선뜻 주시는 분들의 마음을 헤아리면 고통이 상쇄된다. 기도해도 병이 낫는 응답은 없었지만, 아픈 마음 그대로 달려갈 힘을 주시는 사람들이 곧 기도 응답이었다. 병 고침의 응답이 이뤄지지 않는 기도를 20년 동안 하면서 나는 감수성이 사라지거나 냉소적으로 변하지 않았다. 오히려 전보다 건강한 감성을 지니게 됐고 순간순간 충만해지는 기쁨들로 고통의 연속을 견딜 의지가 더해졌다. 어머니의 중병은 낫지 않았지만, 그 중병을 견디고 돌볼 힘은 늘 받고 있었다. 내 기도는 결국 나를 강하게 하는 쪽으로 응답되고 있었다. 고통을 짊어지고 가는 현재, 이 길을 거부하거나 멈추지 않고 걷는 여정에 서 있다는 것 자체가 기적이란 생각이 들었다. 내 책의 독자들에게 내가 무너지지 않아야 자신도 무너지지 않는다는 편지를 종종 받았다. 고통을 겪는 많은 사람이 위로를 얻고 인생의 마지막에 섰을 때, "힘들었지만 감당하며 살아왔어요!"라고 말할 수 있으면 좋겠다.

2017년 10월 14일, 어머니 빈소에서 나는 끝까지 견뎌낸 평안과 감사로 마음이 충만해졌다. 더 이상 이 땅의 좁은 병상에서 고통받지 않고 천국의 평온한 안식의 시간을 맞은 어머니를 축하했다. 고통을 마친 어머니의 영혼을 생각하면 마음이 놓인다. 그리우면 마음에 새겨진 20년의 시간을 떠올린다. 잘했다고 나 자신을 격려하고 일상을 점검한다.

대나무가 하늘로 뻗어 오르면서 거센 태풍에도 쓰러지지 않는 건 마디 때문이다. 새롭게 시작할 용기는 이전의 일을 잘 매듭지을 때 나온다. 내게는 남은 삶의 고통을 수월하게 견뎌내게 한 마디와 매듭이 있다. 올해의 매듭이 내년의 마디를 자라게 할 것이다.

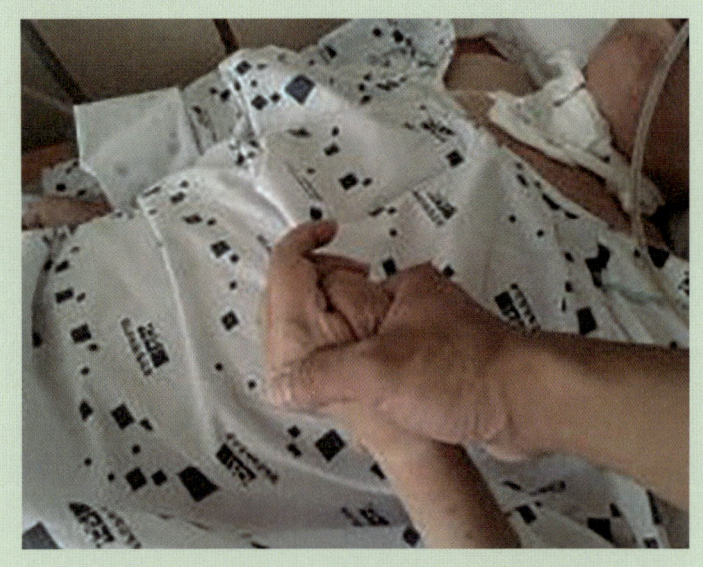

병실에서 간호를 마치며 어머니 손을 잡고 드리는 기도.
조금이나마 마음이 놓이면서도 다시 일상으로 돌아가
자리를 비워야 할 때마다 죄송했다.

3부
우리 모자의 손

어머니 결핵 세 번째 재발한 날

사랑한다는 건 끝까지 버텨내는 것

2012년 10월 6일, 결핵 재발 통보 전화

두 번째 입원한 요양병원에서 처음 결핵에 감염된 어머니는 장기 약물요법으로 완치되지 않고, 다섯 번째 옮긴 요양병원에서 세 번째 결핵 진단을 받았다. 입원해 계신 요양병원에서 퇴원해 입원 치료할 대학병원의 감염내과에 연락해 서둘러 격리실로 가야 했다. 정신이 멍해졌다. 주말에 집에서 청소하던 중에 병원에서 온 긴급 통보에 탄식만 나왔다. 이 싸움을 또 어찌 치를지 바짝 긴장되어 온몸이 땀범벅이 됐다. 앞이 캄캄했다.

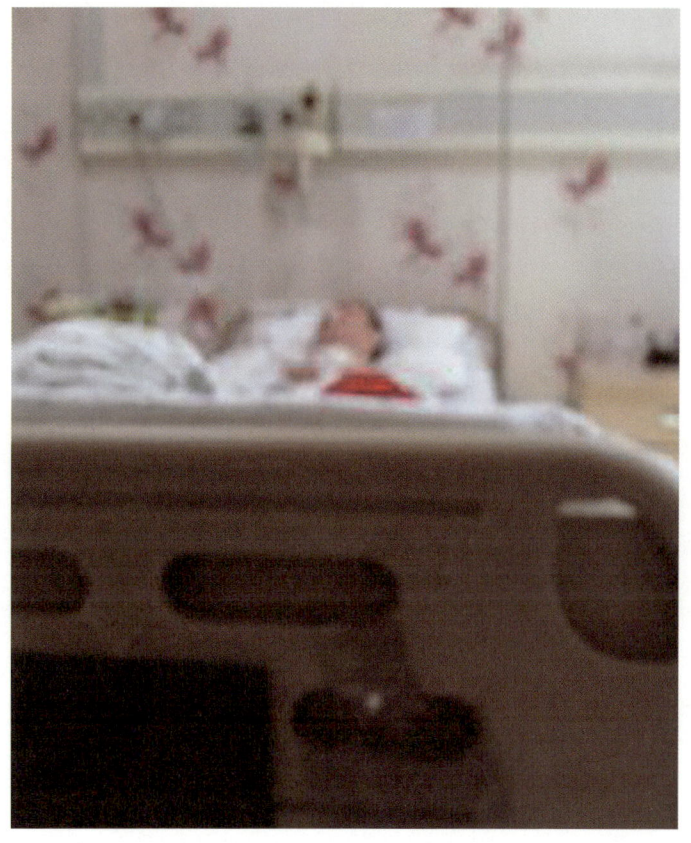

요양병원 중환자실에서 결핵 치료를 받기 위해 대학병원으로 옮기기 전

낙심, 또 처절한 바닥으로

어머니의 결핵 치료를 위해 김태형 순천향대학교 서울병원 감염내과 교수님께 전화드려 급히 병원을 옮길 수 있었다. 요양병원에서 앰뷸런스를 불렀고, 나는 동행할 가족이 없어 앰뷸런스 구급요원에게 어머니 석션과 호흡의 안정 조치를 맡기고 내 차로 드리프트 하듯 쫓아갔다.

주말 오전의 막힌 도로를 뚫고 한남동의 병원에 도착한 뒤 바로 비어 있던 격리실로 입원할 수 있었다. 어머니도 나도 계속 고생의 연속이지만, 월요일까지 요양병원 1인실에서 무방비로 대기하지 않고 주말에 바로 대학병원으로 전원해 대처한 것에 감사했다. 집중 치료에 2주가 걸린다는 소견을 받았다.

내가 계속 병실에 붙어 있을 수 없어서, 병원 내 간병센터에 전화를 걸어 2주 동안 돌봐 주실 간병인을 요청했다.
'부디 좋은 분이 오시기를…'
고단한 세상살이에 지친다. 집에서 8년간 간호하던 시절에는 생각조차 해본 적 없는 결핵이 요양병원에서 세 번이나 재발하다니.

두 아이 기르며 계속되는 이런 일상에 지치지 않는다면 인간이 아닐 것이다. 기도도 안 나온다. 자신이 너무 약자라는 정체성 앞에 엎드리고만 있다.

한남동 격리병동(1)

천둥소리가 들린다. 오늘 부천에서 한남동으로 급하게 병원을 옮기느라 지칠대로 지친 마음을 위로해 주려고 하늘에서 장대비가 내리나?

아니다.

여의도 한강변에서 매년 열리는 세계불꽃축제란다. 격리실까지 들리는 쿵쿵 소리에 마음이 어지럽다. 갑자기 어머니를 앰뷸런스에 태워 순천향병원 격리병동에 달려와 고통스러운 시간을 보내고 있는데 병원 밖에선 불꽃축제라니….
석션, 체위 변경, 투약 등등 이것저것 해야 하는 내게 반복되는 고통과는 다른, 세상의 야속한 풍경이 쿵쿵 소리로 들려온다.

이봐! 당장 그만둬! 뭐라? 불꽃쇼? 나 괴로운 거 안 보여?

소리 지르고 싶다. 갑자기 밤새워 간호하게 될 줄은 예상치 못했다. 많이 해오던 일인데도.

앰뷸런스 수송비에다가 급하게 기저귀, 칫솔 세트, 휴대폰 충전기 등을 사느라 예정에 없던 지출을 하는데, 앞으로 청구될 대학병원 의료비와 잘 구해지지 않는 결핵 환자 간병인의 비용을 감당할 생각을 하니, 이래저래 가슴이 쓰리다.

무엇보다도 가족에게 알리고 싶지 않은 고립감이 나를 더 외롭게 한다. 아버지는 어머니가 나 때문에 고통받는 거라고 대놓고 막말을 쏟으실 것이다. 한두 번이 아니었다. 큰 병원으로 옮겼다고 전화드리면 나만 상처받을 게 뻔하다. 아이 셋을 키우는 여동생에게는 걱정을 얹어주고 싶지 않아서 연락하지 않았다.

불꽃쇼 소리가 그쳤다.
그래, 내게도 고통이 그칠 날이 오겠지.
문득 고통이 그치면 지금 나처럼 세상 한구석에서 마스크 쓰고 멸균 장갑 끼고 견디는 누군가에게 달려가 꼭 안아줘야지, 꼭 기억해야지 하는 결심이 든다.

감염내과 주치의 김태형 선생님께서 불쑥 병실에 찾아와 나를 허깅해 주셨다. 이 뜻밖의 감동 때문에 모든 게 희망적으로 해석된다.

한남동 격리병동(2)

오전에 연락드렸을 때는 부산에 출장 중이던 김태형 선생님이 홍길동처럼 병실에 나타나셨다. 그리고 바로 악수가 아닌 허깅으로 반가워해 주신 거다.

"어머니 안 좋으셔서 입원해 만났는데, 반갑다고 인사해서 미안하다"고 하시며.

어머니의 현재 상태가 2009년 6월에 지금처럼 순천향병원 격리병동에 입원해 결핵 치료받을 때보다는 양호하다고 하셨다. 이번에 꼭 완치시키겠다고 확신에 찬 목소리로 위로하며, 따뜻한 친형처럼 내 안위를 걱정해 주셨다.

오늘 병원 옮기며 이일 저일로 시달리다가 선생님의 위로와 격려를 받으니 황량했던 마음에 꽃이 핀다. 선생님은 격리실을 나가시며 마스크 꼼꼼하게 쓰라는 당부로 우리 모자에 대한 애정을 흘려 놓으셨다.

한남동 격리병동(3)

목이 마르다. 여느 사람처럼 성공과 우승을 향한 목마름이 아니라 갇힌 자, 가난한 자로서 절박한 목마름이다. 아무 일이 없었다면 오늘 처가에 있는 아이들과 아내를 만나기로 했는데, 물거품이 됐다. 늘 그렇듯 숨 좀 돌리려면 바짝 긴장해야 할 일들이 덮쳐 왔다. 생경한 일이 아니어서 빨리 상황이 파악돼 다행이기도 하고, 반복의 과정이 무엇인지 훤히 보이기에 더 고통스럽기도 하다.

요양병원 주치의가 결핵 환자는 병원에 있을 수 없다는 얘기를 조심스럽게 건네주었을 때 난 이미 당연한 사실로 받아들인 뒤여서, 보호자 마음을 헤아려 주는 주치의에게 그저 고마울 따름이었다.

대학병원으로 옮겨야 하는 것 외에는 대책이 없다는 걸 이미 알고 있었다. 월요일까지 병원을 찾아보겠다는 주치의 말에 나는 별다른 질문 없이 어머니가 계신 구석 병실로 걸어갔다. 터벅터벅 걷는 다리에 힘은 풀려 있고 어깨가 푹 처진 내 모습을 병동 수간호사님이 보시고는 왜 그리 낙심하냐며 위로해 주셨다. 그리고 바로 순천향병원 감염내과 김태형 선생님께 문자로 연락드리고 일사천리로 한남동에 온 것이다.

우리 모자는 간만에 격리실에서 고요한 공기를 맡고 있다. 앰뷸런스 뒤에서 액셀을 마구 밟으며 달려오던 때와 다르다. 아침에 잠깐 이 모든 문제를 해결할 수 있는 주사 한 방은 없을까, 하는 발칙한 생각이 들 만큼 영혼이 어두워지던 순간을 넘어온 뒤의 적막이다. 아무 생각이 없어진다. 휴대폰으로 글을 쓰는 중에 석션을 했다.

순천향병원 입원 후 당직의와 간호사에게 그간의 병력을 설명하는데 마치 구구단 외는 느낌이었다. 오랜 시간 어머니를 간호하며 견뎌온 히스토리에 억양을 세우지 않았고, 환자 간호 아주 잘해 온 아들이라는 티를 조금도 내지 않았다. 질문에만 간단명료하게 대답했다.

지금 난 낮아질 대로 낮아져 톤도 없고 색깔도 없다. 신의 긍휼과 살아계심을 느끼고 싶다.

한남동 격리병동(4)

새벽 내내 석션을 하고 기저귀를 갈며 잠 한숨 못잤다. 체력이 바닥나고 있다. 주말과 주일은 밤샘, 회사 출근은 새벽. 갑자기 생의 모든 것이 극기 훈련장으로 보인다.

간만에 어머니 곁에 24시간 붙어 간호하는 동안 인간의 한계에 대해 많은 생각이 오갔다. 오늘 간병인을 구하지 못하면 체력이 바닥날 것 같다. 다행히 오후 1시에 오시겠다는 분과 연락이 닿았다. 좋은 분이 오셔야 할 텐데….

간병비를 드리고 병실을 나설 때 내 마음은 복잡해졌다. 월급이 소진돼 버리는 지출도 그렇지만, 여러모로 우울감이 압박해 왔다. 현재로서는 출근도 힘들 만큼 소진된 상태다.

주일에 교회도 못 갔다. 어머니 살아계시는 동안 최선을 다하리라 다짐하고 견뎌왔건만, 지금은 우리 모자, 서로의 고통 앞에 침묵만 흐른다. 완치도 호전도 아닌 세월의 반복이다. 그저 고통의 연장이며 조금씩 악화되는 상황이다. 그 연장의 길목에서 내 역할이 무슨 의미가 있는지 그 어느 때보다 의아스럽다.

어머니 배에 가스가 많이 차 있어서 아침 이후 금식 오더를 받았다. 최근 계속 어머니 배가 불룩해 보여서 좀 이상하다 싶었는데, 내가 신경을 써도 모르는 부분이 참 많다. 다 안다고 해도 해결책을 다 투입할 수도 없는 상황이다. 이 공교로운 지대에서는 적절한 조절이 최선이고, 올인이 최악일 수 있다. 에어매트 공기 순환 소리, 어머니 거친 숨소리만 흐른다.

합정동의 직장에서 퇴근 후 바로 한남동 병원으로 달려왔다. 김태형 선생님은 병원에 오면 진료실에 따로 불러주신다. 친형님처럼 편안하게 위로해 주며 인생 조언도 들려주셨다. 어느 보호자가 이렇게 주치의 선생님과 다정하게 지낼 수 있을까. 자신의 능력으로 누군가를 위로하고 도움을 줄 수 있는 직업은 참 멋지다.

어머니는 격리실 집중 치료를 받은 지 한 주가 지나자 결핵이 감염성 없는 상태로 호전돼 일반병실로 옮겼다. 그리고 곧 몇 가지 약 처방을 받고 퇴원했다. 다행히 김태형 선생님이 추천해 주신 요양병원에 입원이 허락돼 다시 이전 수준의 투병 환경으로 돌아갔다. 극심한 고통은 그렇게 일주일여 만에 끝났다. 고통의 완전한 종료는 없어도, 세 번째 재발한 결핵에서 자유케 된 안도감, 다시 한고비 넘긴 기쁨, 그 하나하나에서 의미를 발견하고 새로이 견딜 힘을 얻는다.

소극적일 수도 적극적일 수도 없는, 오랜 병간호

아들이며 보호자인, 따뜻하고 싶지만 때로 혼란스러운

일하는 중에 어머니 병원에서 두 통의 전화를 받았다. 병원에서 전화가 오면 떨리고 긴장된다. 또 폐렴이나 결핵일까? 다행히 큰일은 아니었다.

간호데스크에서 온 전화 내용은 병실을 옆방으로 옮기겠다는 거였다. 현재의 중환자 병실은 인공호흡기 등 기계 장치를 달고 있는 환자 위주로 치료하고, 어머니는 기계호흡 장치를 하지 않고 있어서 그 환자분들에게 양보해야 하는 상황이었다. 사실 중환자 병실은 일반병실보다 조금 더 넓고 조용하고, 공동 간병인의 환자 돌봄 경험과 전문성이 안정적이어서 그나마 마음이 놓이는 환경이다. 간호데스크와의 거리도 가까웠다. 중환자 병실에서 일반병실로 옮기기로 했다는 건 어머니 상태의 호전을 의미하지 않는다. 기관절개한 환자이고 자주 석션해야 하는 손 많이 가는 환자지만, 기계호흡장치 유무에 따라 병실을 구분했기 때문이다.

병원 방침을 받아들여 병실을 옮기기로 했다. 내 마음만 편해지려고 고집을 부리기보다는 주변을 배려하고 이해할 줄 알아야 병원과 오래 동행할 수 있다. 이번 주 병원 방문할 때는, 옮긴 병실에서 적응해야 하는 어머니에게 필요한 것들을 점검해야 하고, 그에 따라 나도 새로운 간병인을 비롯해 같은 병실 환자들과 면회 오는 가족들과 친숙하게 지내며 적응해야 한다.

퇴근 무렵에 또 병원에서 걸려 온 전화를 받았다. 정말 무슨 일 있는 거 아닌지 잔뜩 긴장했는데, 독감 예방접종에 관한 전화였다. 이번 주 병원에 내원하면 동의서에 서명하기로 하고, 오늘 어머니께 독감 예방접종을 하겠냐는 내용이다. 순간의 망설임도 없이 그렇게 하시라고 했다. 접종비는 만오천 원이었다. 그리 부담스러운 비용도 아니고 고민할 문제도 아니지만, 매년 맞는 예방접종이 어머니의 고통을 연장하는 건 아닌지 슬며시 혼란이 밀려왔다. 그렇다고 거절하는 건 도리도 아니고 보호자 아들로서 트라우마가 남을 수 있는 선택이다.

 잘한 거야, 절대 잘한 거야, 생각하면서도 16년 차 환자와 보호자로 마주하는 상황이다 보니, 어느 순간 적극적인 간병과 소극적인 간병 사이에서 갈등이 생기기 시작했다. 사람들은 내게 어머니를 위해 어떻게 기도하냐고 묻는다. 하나님이 왜 그런 고통을 허락하셨는지, 자신이라면 기도도 할 수 없을 거라며 공감해 주시는 분이 적지 않았다. 내 기도는 간단하다. "고통을 없게 해주세요"다. 기적처럼 회복되는 것도 고통이 없어지는 것이고, 병간호에 최선을 다하는 내 손길로 어머니가 하루하루 편안하게 지내시는 것도 고통이 없어지는 것이고, 하나님의 때에 천국으로 불러주시는 것도 고통이 없어지는 것이다. 장기 간병에서 내 기도는 고통이 없도록 하는 데 맞춰져 있다.

한결같이 고통 없이 지내시는 데 기도제목을 맞추면서, 고통이 많아 보이는 어머니 모습을 전보다 자주 마주할 때면 혼란이 밀려온다. 단순하게 생각하자고 마음먹으면서도 상황은 갈수록 복잡하기만 하다. 어떤 선택이 옳은지에 대한 정답은 없다. 책임지는 사랑이 무엇일까, 지금 난 어머니의 고통을 없애는 데 어떻게 손발을 움직여야 할까만 고민한다. 모든 정답은 내가 신을 만났을 때 물어볼 질문으로 남겨둔다. 내가 생각하고 실천하는 '책임지는 사랑'이 가장 선한 과정과 결과로 드러날 거라고 믿는다.

16년째 의식이 없는 어머니께 예방접종을 하지 않아도 될 것 같다는 의견을 종종 듣지만, 내겐 몹시 어색한 말이다. 낫지 않는 중병을 장기 간병하는 보호자의 마음은 선택과 판단의 기로에서 늘 어렵고 힘들다. 사랑으로 선택했다고 하면서도 내일을 생각하면 잠이 오지 않는다. 우리 모자는 언제 이 고통에서 벗어날 수 있을까? 보이지 않는 끝을 기다리며 터널 한복판을 터벅터벅 걸을 때는 어둡고 추운 일들이 수시로 쓰나미처럼 덮쳐 온다. 그래도 계속 움직여야 한다. 일하고, 가정을 돌보고, 병원에서 어머니를 케어하고, 병원비 문제를 해결하고…. 움직이지 않으면 살 수 없고 고단하게 움직여도 문제는 늘 그대로고 더 깊어지기까지 한다. 이런 인생을 살게 될 줄 몰랐지만 이런 인생이기 때문에 마음은 늘 낮아지고 가난해진다. 그래서 세상에 아파하는 많은 사람의 신음소리가 더 잘 들린다.

우리 모자의 손

사랑은 '불가능한 일을 이루어 가는 수고'

출판사 일을 하면서 신간 마감이 겹치면 어머니 병원에 다녀오는 일정을 조정하기도 했다. 글을 다루는 직업은 정신노동이라 정신적으로 지치면 퇴근 후 어머니 병간호를 할 기운이 없다. 병원 다녀오는 일정을 하루 당기거나 늦춰야만 했다. 그러나 한 번도 일정을 빠트리거나 소홀히 하지 않았다. 내가 다녀오는 정기적인 요일을 앞뒤로 조정할 뿐이다. 온몸의 관절을 펴드리는 일, 환자 냄새가 나는 신체 부위를 깨끗하게 해드리고 위생관리에 신경 쓰는 일은 나만이 할 수 있다. 게다가 간호에 필요한 소모품도 매주 채

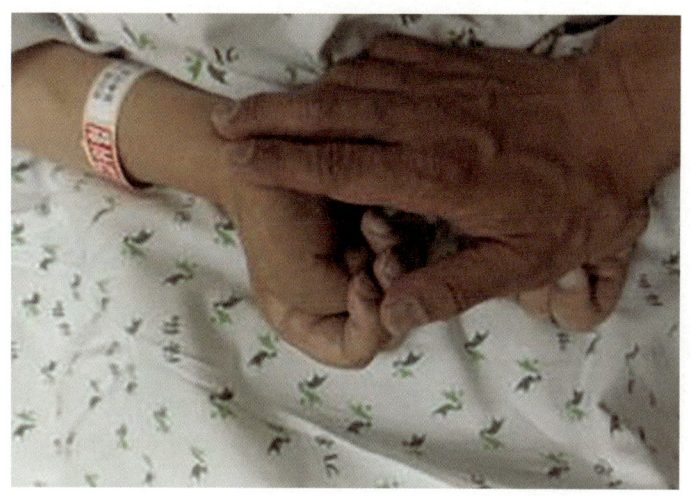
언제부터인가 어머니 손목에 고위험 환자라는 종이 팔찌가 채워졌다.

워놓아야 했다.

　6인실의 공동 간병인은 나름대로 역할을 하고 있지만, 환자 한 명 한 명에게 필요한 간병을 하지 못한다. 자신이 간병하는 선을 정해 놓았고, 때로는 간호사와 업무 조율이 안 되어 서로 떠넘기다가 그 피해를 고스란히 환자가 입기도 한다. 가장 심각한 것이 심야 시간대의 석션이다. 야간 업무 간호사는 병실의 환자 석션은 간병인이 자다가 깨어서 해야 한다고 주장하고, 간병인은 취침 시간에 자신은 푹 자야지 석션은 할 수 없다고 주장한다. 서로 떠넘기다가 환자가 감기라도 걸려 있어 자주 석션해야 하는데 아무도 해주지 않으면 목에 가래가 쌓여 저산소 혈증이 올 수 있다. 보호자인 나는 그저 기도할 뿐이다. 내가 나서서 간호사와 간병인 사이의 심야 시간 석션이 원활하게 이뤄지도록 해달라고 요청하기가 어렵다. 높은 금액을 지불하는 개인 간병인을 쓰지 않는 한!

 청년기에 집에서 혼자 24시간 간호할 때 밤에 어머니 석션을 안 한다는 건 상상도 할 수 없었다. 매일 귀를 열어놓고 선잠을 자면서 어머니 침대에서 조금만 가래 끓는 소리가 들려도 벌떡 일어나 시원하게 석션을 해드렸다. 심지어 낮에 간호할 때도 화장실을 편하게 가지 못했고, 밥은 대충 국에 말아서 후다닥 해치우듯 먹었다. 언제든 어머니 석션을 할 준비와 긴장이 돼 있었다.

 우리나라 재활병원은 보호자가 해야 할 일이 많다. 병원비 마련도 힘들고, 나처럼 오래 직접 병간호한 사람이 보기에는 허술하고 불안한 요소가 너무 많아 참작해 주기도 힘들다. 독일의 재활병원처럼 보호자가 신경 쓰지 않고, 의료진이 30분마다 중환자의 상태를 세심히 살피며 필요한 조치를 빠르게 하는 병원은 한국에서 찾을 수 없었다.

그래서 매주 두어 차례 병원에 가서 어머니 상태를 확인하고 간병인이 하지 않거나 할 수 없는 병간호를 하고 온다. 오전에 일찍 가보면 밤새 석션이 제대로 이뤄지지 않아 숨넘어가는 소리로 견디시는 모습을 종종 봤다. 출근하랴 퇴근 후 바로 병원 가랴 정신적으로 고통스러운 아침 출근길에 간호 도구를 챙겨 직장에 가면 온몸이 무거웠다. 게다가 신간 마감 일정을 앞두고는 늘 알레르기 비염이 심하게 와서 이비인후과 치료를 받고는 컨디션 조절을 한 뒤 병원에 달려가는 일이 비일비재했다.

결과적으로 그런 날은 내가 반드시 병원에 가야 하는 날이었다. 하나님이 오늘 가라고 이일 저일로 날짜를 조정해 주셨다는 생각이 들 만큼. 병원 도착 후 간병인은 손사래를 치며 오늘은 아무것도 할 수 없다고 했다. 이유인즉 어제부터 병원 건물에 온수가 안 나온다는 것이다. 그 말을 듣는 순간, 오늘 어머니께 가장 필요한 사람이 나란 걸 직감했다.

어머니 얼굴은 다른 날보다 어두웠고 목에는 짙고 누런

가래가 흘러넘쳐 고여 있었다. 그런 모습을 그냥 두는 간병인이 미웠지만, 하루 이틀 겪는 모습이 아니기에 덤덤히 넘겼다. 우선 충분한 석션을 해드리고 정수기 온수 물을 받으려다 저녁 식사 후 물을 드시는 분들을 생각해, 옆 건물인 신관 화장실로 가서 온수를 확인하고 큰 대야에 물을 받아와 어머니를 씻겼다. 두어 번 옆 건물을 다녀오며 평소와 같이 빛나는 살결로 만들어 드릴 수 있었다. 얼굴에 로션과 아이크림도 바른 후 관절 운동과 Y거즈 드레싱을 마치니 어머니는 평소 컨디션과 얼굴빛을 회복하셨다.

여섯 명의 환자를 돌보는 간병인에게 신관 병동까지 가서 온수를 받아오는 일을 부탁하는 것은 불가능하다. 그러나 나처럼 가족은 사랑으로 수고하면 쉽고 간단하고 개운하게 해결될 일이다. 내게는 온수를 얻을 수 있는 것이 다행이지, 옆 건물에 세숫대야 들고 물 길으러 오가는 건 별일이 아니다. 불가능하거나 힘들어 보이는 일을 해결하는 수고의 과정에는 감동과 기쁨이 따른다. 그것이 사랑이다. 간호를 마치니 냉수도 끊겨 버렸다. 이제 우리 모자의 결핍을 채우는 유일한 해결책은 기도다.

어머니 손을 맞잡은 내 손을 보니 왠지 아름답다는 자화자찬을 하고 싶어졌다. 고생하는 손, 고통을 나누는 손, 예수님이 주신 손. 늘 그렇듯 내 기도는 고통의 문제를 해결해 달라는 간절함에 초점을 맞춘다.

돈보다 사랑이 많이 들었는데요

고단한 하루하루를 아무렇지 않게 짊어지는 법

집에서 간호할 때와 달리 요양병원 시스템에 어머니를 맡기고 돌볼 때 예민한 문제들이 발생한다. 우선 어떤 간병인을 만나느냐가 가장 조바심 나고, 어머니 병상 바로 옆 침대에 어떤 환자분이 투병하는지도 민감한 문제다. 성실한 간병인과 함께할 때는 안심이 되고 감사하지만, 환자 간호에 감각이 없는 분이 공동 간병을 맡고 있으면 하루하루가 캄캄해진다. 병원에 오갈 때마다 몹시 힘들다. 그렇다고 개인 간병인을 고용할 수 없는 형편이니, 부디 병실에 자주 방문하고 내가 없는 날 어머니께 간병의 퀄리티 문제로 겪지 않아도 될 고통이 어머니께 닿지 않기를 바랄 뿐이다.

어머니 바로 옆에 입원한 수많은 환자를 만났다. 멀쩡하신 모습이었는데 바로 다음 주에 가보면 돌아가신 경우도 자주 겪었고, 병원 측에서 보면 블랙컨슈머에 해당하는 보호자도 많이 만났다. 6인실이기 때문에 면회할 때 매너를 지켜야 하는데 온 병실을 1인실처럼 쓰거나 면회 오신 분들이 큰 소리로 찬송가를 부르고 병실이 떠나가라 통성기도를 할 때는 나도 크리스천이지만 다른 환자와 보호자에게 창피하기까지 했다. 그런 분들이 다녀가면 간병인은 꼭 한마디 한다. 교회 다니는 사람들이 저렇게 실례를 범해도 되냐고.

침상과 침상 사이가 좁아서 옆 침상 환자의 면회객이 많이 와 계시면 동선이 확보되지 않아서 어머니 씻기고 치료하는 시간을 늦출 때도 있었다. 자기 가족 면회하겠다고 이웃 환자와 보호자는 아랑곳하지 않는 면회객을 여러 번 접했다. 고통 중에는 다른 사람의 고통을 헤아릴 수 있을 거라는 생각은 착각이다. 그런 분은 극소수다. 대부분 자기 가족의 고통만을 생각하고 그보다 심한 상태로 계신 주변의 환자는 눈으로 보면서도 헤아리지 못한다.

어머니 옆에 천사 같은 권사님 보호자를 만난 적 있다. 한 병실에서 그분을 만난 한동안은 병원 가는 마음이 비교적 편했다. 권사님은 편찮은 친정어머니를 간병하다가 어머니와 같은 병실의 바로 옆 침상에 배치됐다. 밤에만 공동 간병인에게 맡기고 매일 출퇴근하듯 병원에 와서 간병하고 가셨다. 내 책을 이미 읽었다며 나를 처음 만난 날 설렌다고 하셨다. 그래서 우리 어머니에 대한 애틋한 마음도 지니고 계셨다.

다른 날보다 병원에 일찍 와서 권사님과 대화를 나누면, 어머니 상태에 대한 걱정으로 긴장된 마음이 편안해졌다. 간병인이 석션을 부실하게 하고 자리를 비우면 직접 어머니를 비롯한 병실의 다른 환자들 석션까지 해주시는 천사 같은 분이었다. 어찌 보면 노노케어(노인이 노인을 돌봄)라고 할 수 있다. 권사님도 나이가 든 분인데 친정어머니를 보살피니 말이다. 권사님이 뜬금없이 내게 어머니를 간호한 햇수를 물으셨다. 17년째라고 했더니, 그동안 들어간 돈이 얼마나 되냐고 궁금해하셨다. 그때 무심결에 나온 내 대답은, "돈보다 사랑이 많이 들었는데요"였다.

별로 헤아려 보고 싶지 않은 돈 문제는 그야말로 은혜로 감당하고 있었다. 이를 어떻게 설명하랴. 지금은 종방된 KBS 〈강연 100도씨〉에 섭외된 적이 있다. 첫 번째 섭외 전화가 왔을 때 작가와 사전 전화 인터뷰에서 비슷한 질문을 받아 "경제적인 문제는 하나님의 은혜로 감당해 왔다"고 답했다.

작가가 다시 물었다.

"은혜 말고 다른 메시지는 없어요?"

"없는데요."

방송에 나가 어머니 모습 보이며 강연하고 싶은 생각이 별로 없던 터였고, 없는 사실을 꾸밀 수는 없었다. 게다가 연출을 해서 메시지를 만들어 방송사에서 원하는 스토리로 전하고 싶지 않았다. 결국 섭외되지 않았다. 신앙 고백이 강하다는 이유로 출연 대상에서 제외됐을 공산이 크다. 책을 낸 초기 1~2년 후부터는 방송 출연에 마음이 없어 고사해 오기도 했다(KBS 〈강연 100도씨〉는 생방송으로 바뀐 뒤인 2016년 11월 27일에 출연했다. 새로운 작가가 신앙적인 멘트도 허용하며 사실 그대로 전하도록 사전 대화를 충분히 나눴다. 내가 〈강연 100도씨 라이브)에 출연한 날은 어머니가 뇌출혈로 의식을 잃은 그날로부터 꼭 19년 된 날이다).

방송이나 강연 메시지로 인한 인위적인 보상은 한 점도 생각하지 않았다. 하나님이 어머니를 부르셔서 병간호 마치는 시점이 올 때까지 하루하루 감당하고 견디는 것이 은혜라고 생각했다. 이 믿음이 없다면 하루도 견디기 어려운 고통이다. 그렇게 사랑의 힘으로 무겁고 고단한 하루하루를 아무렇지 않게 가벼운 짐 옮기듯이 짊어지고 간다. 다만 어머니께 고통이 없고 나 또한 견딜 힘이 꼭 필요한 만큼 채워지기를 바란다.

믿음의 반대는 불신이 아니라 불안이다. 불안해하지 말고 하루하루 견디는 힘은 사랑에서 비롯된다.

메르스 사태의 고통

병원 문 앞에서 들어가지 못한 안타까움

2015년 5월 메르스 환자가 발생하면서 온 나라가 메르스 세균에 두들겨 맞고 있었다. 매주 두세 차례 어머니 병원에 가서 직접 간호를 해온 나는 한 달이나 병원 입구에서 들어가지 못하고 발을 동동 굴러야 했다. 의료진과 간병인들은 출퇴근하고 있기에 병원 측에 사정하면 들여보내 주지 않을까 했지만, 정중한 부탁 조로 통제하는데 고집을 피울 수 없었다. 정부는 아는가. 의식 없이 꼼짝 못 하시는 어머니와 19년째 돌봐온 아들이 겪는 이 단절감의 고통을.

7월 말까지 통제라면 앞으로 한 달 이상 내가 간호를 못 하므로 욕창이 생길 확률 100퍼센트다. 나는 아들 목욕시킬 때 비닐장갑 끼고 스프레이 뿌리며 하지 않는다. 내 살보다 소중히 다룬다. 내가 스물일곱 살이던 그해부터 어머니를 집에서 8년 동안 간호할 때 나는 어머니가 갓 태어난 딸이라고 생각했다.

마치 나 때문에 아프게 태어난 딸을 돌보는 마음으로 어머니를 세심하게 돌보고 단 하루도 마음 놓고 쉬지 못했다. 이 메르스 사태에서 누가 이런 오랜 중환자 가족의 마음을 헤아려 줄까. 어머니는 내 손길이 닿지 않으면 누워 계신 채로 관절과 피부가 상할 수 있는 고위험군 환자다. 영화나 드라마에서 의식 없는 식물인간이 고운 얼굴로 누워 있는 비현실적인 장면을 보면 어이없어 헛웃음만 나온다.

하루에도 몇 사람씩 임종하는 노인병원에서 나이 쉰부터 식물 상태가 되신 1948년생 어머니는 젊은 환자에 속한다. 일흔, 여든 넘으신 분들과 한 병실에서 하늘이 불러주길 기다리는 중환자로 하루하루 지내시는 것을 생각하면, 일상이 너무나도 괴롭고 처참하다. 20대, 30대를 그렇게 보내면서 책을 내고 뒤늦게 취직하고 출판편집자로 살며 결혼하고 아들 둘을 낳으니 행복하지 않냐는 소리를 자주 들었다. 내 인생의 고통은 끝난 게 아니라는 설명을 굳이 할 필요가 없어서 그저 웃었다. 왜 표정이 어둡냐는 얘기를 들으면, 당신이 내 안면 근육까지 마음대로 지정하시냐고, 속으로는 욱해도 쿨하게 넘겼다.

메르스 사태로 병원 입구에서 못 들어갔다. 젊은 의료진과 간호조무사들이 마스크 쓰고 신중하게 통제하는 모습에 비극적인 아픔을 느꼈다. 임종 환자 가족만 일부 들여보낸다고 설명해 주었다. 살아 있어도 죽어야 만날 수 있는 모자 관계로 만든 것이 세균이다. 이를 제대로 관리하지 못한 정부를 향해 레이저 광선 같은 눈빛이라도 날려야 속이 좀 풀릴 것만 같다. 그래 봐야 무엇하랴. 허공만 바라보다 돌아올 수밖에.

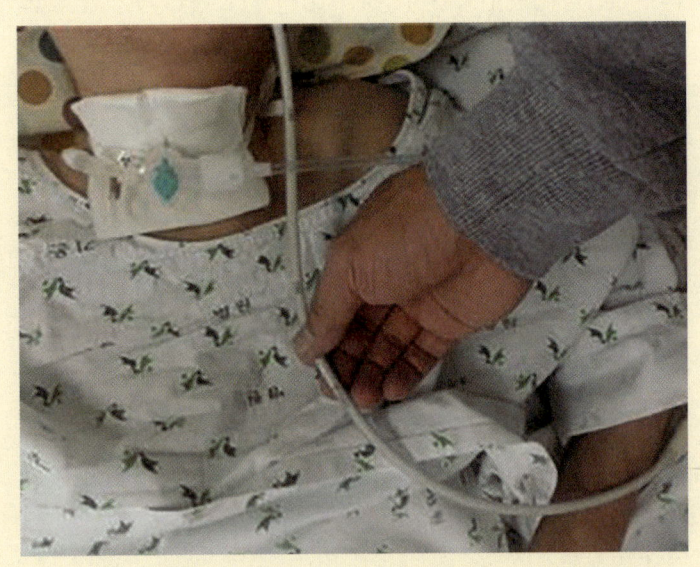

피딩으로 경관식 죽 넣어드리기.
천천히 꼭꼭 씹어 드시는 음식이 아니어도
잘 드시고 소화하시길 기도했다.

4부
사랑하며 살기

최악의 시간에
최선의 희망을 얻기도 한 20년

소풍 중인 어머니의 병간호를 도운, 현실의 낭만 닥터 김사부

요양병원을 매년 옮겨야 하는 일이 벌어졌다. 앞에서 썼듯이 어머니는 두 번째 요양병원에서 결핵균에 감염돼 고생이 이만저만이 아니었다. 오랜 투병 생활에 병원을 옮겨 다니며 면역력이 약해졌고 집보다 불편한 요양병원 6인실의 공동 간병에서 바이러스에 감염된 것으로 추측한다. 2005년 어머니가 처음 결핵 진단을 받았을 당시 삼성서울병원 재활의학과 김현숙 교수님은 아끼는 후배가 순천향대학교 서울병원 감염내과에 근무하는데 결핵 치료 같은 감염 분야의 권위자라며 소개해 주셨다. 어머니를 순천향병원으로 옮겨 치료해 보라고 권하셨지만, 나는 경기도 이천의 요양병원에서 한남동 병원으로 어머니를 앰뷸런스에 태워 옮길 마음이 생기지 않았다. 김현숙 교수님은 내 홈페이지에서 만나 친해진 의사 선생님인데, 나를 귀하게 여겨 주셨다. 안타깝게도 후에 암이 재발해 돌아가셨다. 그 소식을 뒤늦게 접하고 얼마나 슬펐는지 모른다.

오랜 투병 과정에서 어머니를 일정한 계획 안에서 돌보다 보니 병원을 옮기는 변화에 직면하는 일은 몹시 두렵고 힘들었다. 돌아보면 그때 순천향대학교 서울병원에 가서 김태형 교수님의 진료를 받았어야 했다. 당시 어머니가 입원해 있던 요양병원 내과 선생님께 결핵 치료를 맡겼고 전염성은 덜어냈지만, 어머니는 오랜 기간 설사와 고열로 고생하셨다.

4년 뒤 2009년 6월, 어머니께 더 내성이 강한 결핵이 재발했다. 부천에 있는 한 기독교 요양병원에 어머니를 입원시킨 지 얼마 안 된 시점이었다. 개인적인 친분이 있던 원장 선생님은 안타까운 마음으로 결핵 치료가 가능한 요양병원을 물색해 주었는데 멀리 마산까지 가야 한다는 결론을 말씀하셨다. 그렇지 않으면 내가 다시 집으로 모시고 가는 것과 빨리 대학병원을 알아보고 옮기는 것 외에는 선택지가 없었다. 당시 신종인플루엔자가 유행하고 있어서 결핵균이 검출된 어머니는 병실 구석에 작은 스크린으로 가려져 있었다. 더군다나 간병인도 가까이하지 않을 만큼 어려운 상황이었다. 나에겐 소중한 어머니인데 요양병원에서는 한시라도 빨리 옮겨야 할 감염 환자이니 얼마나 절망스러웠는지 모른다. 그렇다고 마산의 결핵 치료 요양병원까지 모시고 갈 수는 없었다. 의식이 없는 중환자를 석션과 산소 공급을 해가며 어떻게 마산까지 모시고 간단 말인가!

그때 교회의 동갑내기 의사이자 한국누가회 임원인 김경철 집사가 순천향대학교 서울병원의 김태형 교수께 연락해 어머니 입원이 가능한지 알아봐 주었다. 가만 생각하니 이름이 낯설지 않았다. 아! 4년 전 처음 결핵이 발병했을 때 소개받은 그 교수님 아닌가. 전화로 통화를 나눈 김 교수님은 급히 어머니가 입원하실 격리병동을 잡아 주었고, 나는 마산에 내려갈 뻔한 어머니를 바로 한남동 순천향병원으로 옮길 수 있었다. 이 어렵고 고통스러운 간호의 여정에 이런 만남과 문제 해결은 기적이 아닐 수 없다. 병이 고쳐지는 것만 기적은 아니다. 투병 중에 길이 열리고 좋은 의사 선생님과 환자와 보호자를 배려하는 병원을 만나는 것만큼 감사한 기적은 없다.

입원 전에 진료실에서 김태형 교수님을 처음 만났다. 김 교수님은 내 오랜 고통을 이해하며 말이 아닌 마음으로 내 속의 억눌림과 답답함을 위로해 주셨다. 쉽게 치료할 수 있으니 걱정하지 말고, 오히려 병원에 맡기고 당분간 몸도 마음도 좀 쉬라며 격려해 주셨다. 4년 전에 소개받은 의사 선생님과 같은 분을 마주하면서 다시 삶에 희망이 생겼다. 당시 5년간 일한 첫 직장에서 나와 강사와 프리랜서 작가로 일하던 중이었다. 고단한 와중에 잠시 임시직으로 일하기 시작한 곳이 한남동 부근의 출판사였다. 순천향병원에 내원하기 쉬웠고 김 교수님과 매일 대화를 나누며 어머니 상태뿐만 아니라 인생에 관한 소중한 조언도 들을 수 있었다.

어머니 결핵 재발은 지극히 불행한 일이지만, 김 교수님과의 만남은 내 인생을 윤택하게 해준 선물이었다. 정말 한 달이 안 되어 어머니 결핵은 치료되었다. 결핵 병동이 있던 층의 간호사님도 매우 친절했고, 1층에서 상담해 준 직원분도 따뜻하게 대해 주셔서 고마운 기억이 남는다. 일반병실로 옮기는 과정에서 그분들과 헤어지는 게 섭섭할 정도였다. 잠시였지만 치료 기간에 안심한 그 시간은 오래간만에 맛보는 내 삶에 드문 휴식이기도 했다. 보호자인 내가 어머니 결핵 치료 기간에 휴식할 수 있다는 건 말로 표현할 수 없는 감사한 일이다.

어머니는 다시 요양병원으로 돌아가도 괜찮을 만큼 호전되었다. 기쁜 소식이긴 하지만 또 어떤 요양병원을 찾아 어머니를 모시고 가야 할지 막막했다. 우후죽순 생긴 많은 요양병원은 시설이 좋아 보여도 치료와 간호 등 본질인 의료서비스가 수준 미달인 곳이 수두룩했다. 의료서비스가 좋은 소수의 병원은 높은 비용 문제를 감당해야 했다. 결혼 후 아기를 키우던 내게 계속되는 경제력의 한계는 끊임없는 고통이었다. 그런데 내 고민을 아셨는지 김태형 교수님이 자기 선배가 부원장으로 근무하는 부천의 한 병원을 소개해 주셨다. 미리 어머니 문제를 선배에게 전해놓은 터라 그 병원에 어머니를 입원시켜 드리는 과정이 매우 편했고 안심이 되었다. 아, 그때의 그 감동이란…. 나는 어머니 결핵 치료의 모든 과정에서 감동을 경험했다.

그동안의 요양병원들은 1년이 지나면 옮길 수밖에 없는 일들이 일어났지만, 김 교수님이 소개해 준 병원에서는 어머니가 돌아가신 날까지 8년 동안 옮기지 않고 그 병원에서 투병했다. 병원장님이 병원비도 감면해 주셨다. 여러모로 우리 모자에게 감사한 병원이다. 어머니 소천하시고 장례를 마친 뒤에 찾아가 담당 간병인과 간호사님들께 감사 인사를 드렸다. 병원장님 내외분께 감사의 뜻으로 기부금을 전달하니 어머니 이름으로 어려운 환자 가족에게 쓰겠다고 하셨다.

앞의 글에 썼지만, 2012년 가을에 어머니께 결핵으로 의심되는 증상이 또 나타났다. 바로 김태형 교수님이 떠올랐다. 감사하게도 김 교수님은 캐나다에서 연구년을 마치고 얼마 전에 순천향병원에 복귀한 상태였다. 부산에서 열린 학술대회에 참가하고 계셨는데, 순천향병원에 전달한 어머니 자료를 스마트폰으로 확인하고 격리병동 입원을 도와주셨다. 3년 전에 겪은 일을 반복해야 하니 착잡했던 나는 순천향병원 격리실에서 마스크를 쓰고 어머니를 돌보며 사망의 음침한 골짜기에 빠진 심정이었다. 신비로운 것은 어머니와 가장 자주 접촉한 나는 한 번도 결핵에 걸리지 않았다는 사실이다. 어머니 몸에서 결핵균이 검출돼 요양병원 한쪽 구석에서 방치돼 계실 때 곁에서 침상 목욕을 시켜드리며 무방비로 간호했지만, 나는 내과 검진 결과에 아무 이상이 없었다.

당시 부산에서 바로 병실로 달려와 허깅해 준 김 교수님 덕분에 마음이 환해졌다. 이런 일로 다시 만난 건 좋지 않지만, 다시 만나 기쁘다는 김 교수님의 웃음 띤 얼굴로 착잡하던 마음이 한순간에 환해졌다. 다행히 결핵이 아닌 의심성 균으로 진단됐고, 김 교수님 소견서로 어머니는 다시 요양병원으로 돌아가 투병할 수 있었다. 그 이후 김 교수님과 나는 형 아우 사이가 됐다. 퇴근 후 매일 어머니 병동에 면회하며 교수님 방에 들러 장시간 대화를 나누었다. 그 시간, 나는 새로운 소망을 얻었다. 우리 모자가 앞으로 준비해야 할 것이 무엇인지, 일상에서 놓치지 말아야 할 가치가 무엇인지, 지금 어머니께 가장 중요한 것은 무엇인지 등. 서로 신뢰하지 않으면 꺼내기조차 어려운 대화를 김 교수님과 나눌 수 있었다. 추후 김 교수님은 우리나라 메르스 사태와 코로나 팬데믹 때 뉴스에 출연해 의료 전문가로서 자문해 주셨다.

나는 효자 소리 듣는 걸 원치 않는다. 그저 서로 사랑이 깊은 모자, 이웃에게도 사랑을 실천하는 사람이 되길 바란다. 내 지식으로 공의를 베풀 수 있는 사랑, 내 가족에게 하듯 아픈 이웃을 헤아리며 공감하는 마음, 그러한 하트가 있으면 아무리 절망적이고 고통스러운 상황에서도 새 소망이 발아해 세상을 따듯하게 보듬는 열매를 맺을 것이다. 오랜 기간 소풍 중이신 어머니와 많은 일을 겪었다. 최악의 절망 중에 최선의 희망이 다가오는 것을 경험했다. 지금은 힘든 기억 위에 추억으로 자리한 시간을 어떻게 이어갈까 고심한다. 강렬했던 20년의 병간호 경험 때문에 나는 이 땅의 아픈 사람들을 생각하지 않을 수 없다.

18년째 어느 날, 가장으로서 아들로서

익숙할 수 없는 고통의 자리를 자각한 순간들

평범한 일상에 묻혀 있다가 문득 정신 차리는 순간이 있다. 갑자기 병원에서 긴급하게 연락이 올 때다. 집에서 중환자인 어머니 병간호를 8년쯤 한 뒤 처음 요양병원으로 모신 2004년부터 2009년까지 매년 어머니 병원을 옮겨야 했다. 그 사이 취직하고 결혼했어도 매주 세 번은 병원에 달려가 나만 할 수 있는 케어를 반나절쯤 해드려야 어머니는 다소 안정적인 모습으로 지내실 수 있었다.

미숙한 간병인이 6인실 공동 간병을 맡으면 병실 환경

이 금세 나빠졌다. 초보 간병인이나 고집 센 간병인이 맡아 조금도 나아질 기색이 안 보이면 답이 없었다. 나는 을이 아닌 병, 정, 무에 해당하는 보호자 위치였다. 자존심이 과한 남자 간호사와 갈등을 겪은 적도 있다. 그 남자 간호사는 왜 그리 내가 마음에 안 들었는지 일부러 어머니 Y거즈 드레싱을 하지 않고 했다며 우겼고, 어머니가 폐렴으로 악화되든 말든 방치해 부글부글 끓어오르는 것을 겨우 참은 적도 있다. 내가 평범한 보호자가 아닌 것이 그 남자 간호사에게 거슬렸던 모양이다. 결국 병원을 옮기는 것 외에는 해결책이 없었다. 그 일 외에는 간호사들과 아주 잘 지냈다. 병원에 갈 때마다 간식을 준비해 간호 데스크와 간병인에게 드렸고 인사도 먼저 적극적으로 했다. 이후 요양병원에서 과격하거나 괴팍한 간호사를 만난 적이 없어서 그 남자 간호사로 인한 트라우마는 빨리 떨쳐낼 수 있었다. 그만큼 집에서 간호했을 때는 일어나지 않던 상황을 종종 접할 때의 충격은 컸고 감수해야 하는 인내심 또한 많아야 했다.

한 병원에서는 비싼 항생제를 장기간 투여하는 바람에 병원비가 폭증해 내 수입으로는 도저히 감당이 안 된 적이 있다. 보호자의 경제 사정을 고려하지 않고 마구 투약 처방을 한 것이 문제였지만, 더 심각한 것은 어머니께 효과가 없는데도 단기간 써야 하는 비급여 약을 계속 투여한 것이 문제였다. 월 370만 원이나 되는 어마어마한 병원비가 3개월 동안 청구됐다. 월급을 다 쏟아부어도 한참 모자랐다. 병원 측에서는 내가 어머니 간호를 너무 열심히 해서 약값을 생각하지 않고 썼다고 하지만, 이해가 되지 않았다. 환자 고통과 보호자의 마음을 이해해 주는 병원은 없을까? 차라리 직장을 접고 결혼 전처럼 집에서 간호해드릴 수 있다면…. 이것도 옳은 선택은 아니었다. 난 두 아이의 아빠였으니까. 가장으로서 책임감과 아들로서 책임감이 충돌할 때 둘 다 해결해야만 하는 고단한 보호자였다. 끝이 보이지 않는 어두운 터널을 헤매며 계속 걸어가야 했다.

감사하게도 2009년에 옮긴 병원에서는 원장님과 주치의 그리고 간호데스크 모두 우리 모자를 이해해 주었다. 병원 측과 서로 신뢰하며 안정적인 투병을 할 수 있었던 것은 큰 선물이고 위안이었다. 그 후로 더는 병원을 옮기는 일은 없었다. 그때 내 수입이 일정치 않아 차상위계층 혜택도 받기 시작하며 사방이 막힌 현실에서 햇살 같은 복지제도를 경험하기도 했다. 몇 년 뒤 아버지가 건물 경비 일을 시작하시면서 얼마 안 되는 배우자 수입이 잡히자 어머니의 차상위계층 혜택은 돌연 취소됐다. 병원비가 두 배로 뛰어 힘들었지만, 병원에서 감면해 주어 조금만 오른 금액으로 어머니를 계속 입원시켜드릴 수 있었다. 이렇게 돌발적인 사태가 오고 근심에 빠지면서 보이지 않는 답을 고민하며 한동안 좌절감을 이겨내느라 힘들었다.

집과 직장, 교회 그리고 병원을 오가는 반경을 한시도 벗어난 적이 없었다. 가끔 멀리 가는 일이 있다면 강연 부탁을 받아 지방에 다녀오는 것이고, 일정을 마치면 바로 귀가했다. 내게 병원과 멀어지는 여행은 없었다. 매주 일정한 날 병원에 달려가 간호해드렸고, 어머니께 쓰이는 소모품을 확인해 챙겨놓고 일상으로 돌아오면 다시 일에 집중해야 했다.

어느 날 병원에서 전화를 받았다. 무슨 일일까? 매번 두근거렸다. 1층 중환자 병실에서 6층 일반병실로 어머니를 옮겨야 하니, 보호자 동의를 유선으로 해달라고 했다. 일전에도 같은 전화를 두어 번 받은 바 있다. 세심하게 치료하고 돌봐야 할 중환자인 어머니는 환경이 바뀔 때마다 예민

해지셨는데, 일반 병동 간병인의 퀄리티가 상대적으로 낮은 편이라서 6층 일반병실로 옮기고 나면 집중 치료를 받아야 할 때 다시 중환자 병실로 돌아가야 했다. 그래서 병실을 옮기지 말도록 요청하며 계속 1층에서 지내왔다. 1층 중환자실에서 준중환자실로 옮긴 지 얼마 안 되기도 했다.

이번에도 반대 의견을 전했지만 1층 간호 데스크에서는 기계호흡장치를 달고 있는 환자들만 남고 그 외의 환자들은 모두 일반 병동으로 가야 한다기에 어쩔 수 없이 동의했다. 정말 어쩔 수 없이…. 어머니도 나도 하나님을 믿는 자로서 다른 환자들 생각을 해야 하기에 현실을 받아들이기까지 오랜 시간이 걸리지 않았다.

어머니 상태가 호전되어 일반병실로 가는 거라면 좋겠지만, 전혀 그렇지 않아 답답했다. 늘 열이 오르고 머리 뒷부분에는 까닭 모를 피부질환도 있었다. 갈수록 상태가 조금씩 안 좋아지는 데다 일반병실에서 어머니 같은 콧줄 환자는 상대적으로 방치될 수밖에 없었다. 의식이 없는 어머니가 의식이 또렷한 환자들이 있는 병실로 옮겨 가야 하는 게 불안했고 서글펐고 괴로웠다.

늘 나는 그렇게 기도가 필요한 자리에 서 있었다. 일반병실은 치매 환자와 걸어 다니는 환자분들이 섞인 병실이지만, 그 속에서 꼼짝도 못 하시는 어머니에게 불편함이 없기를 기도할 수밖에 없었다. 새로 만나게 될 간병인이 중환자실 담당 간병인처럼 잘 돌봐주시기를 바랄 수밖에는….

내가 병원에 가는 날 오전까지만 중환자실에 있게 해달라고 했지만, 그럴 수 없다는 대답에 여간 마음이 힘든 게 아니었다. 직장에서 집중해야 할 업무가 있었고, 두 아들의 아빠로서 집중해야 할 육아도 있었고, 18년째 병간호해 온 아들로서 집중해야 할 간호 일정과 병원비 문제 해결 건도 있었다. 그 모든 위치에서 어느 하나도 가볍지 않은 하루하루를 감당해야 했다.

편안하지 않은 하루하루가 일상으로 익숙해져도 결코 익숙할 수 없는 고통의 자리임을 새삼 깨닫던 날, 마라톤을 뛴 것도 아닌데 매일 입에서 단내가 풀풀 났다. 내 마음은 누가 돌봐줄까. 가끔은 결론 없는 글을 쓰면서 자가 치유의 위안을 갈망한다.

병간호, 가치 있는 순간의 연속
성숙을 향한 믿음 외에는 희망이 없는 삶

대학 시절 기독교 동아리 IVF의 수련회에서 하나님을 인격적으로 만났다. 이 땅에서 이미 시작됐지만 아직 완성되지 않은 하나님 나라를 꿈꾸며 부르심대로 살기로 결단했고, 가치 있는 일에 인생을 쏟아붓기로 했다. 의미 있는 일을 하기 위해서는 명문대 학위나 고시 합격, 성공한 대기업 임원 등 고지에 올라서는 것보다는 내가 있는 자리에서 인생의 소명을 바르게 아는 것이 중요하다고 생각했다.

그래서일 것이다.

많은 실수를 했고 여러 고통을 겪었다. 내가 얼마나 미천한 존재인지 확인하는 것으로 생의 대부분 시간을 보낸 것 같다. 성경에서 말씀하는 옳은 가치에 대한 헌신과 순전한 믿음은 이십 대 다르고 삼십 대 다르고 사십 대가 다르다. 지금 오십 대에는 더 혼란스럽고 무겁고 고단하다. 성공과 발전의 추구가 내 인생에 큰 의미가 없다고 생각하면서도 이 욕망의 사회에서 가정을 지키는 책무를 하면 할수록 마음 깊은 곳에서는 불안과 염려가 가득해진다.

출판사 편집자의 적은 월급, 무슨 일이든 일단 해야겠다고 꽂히면 모든 에너지를 쏟는 내 성향, 주변의 인정을 받으며 살고 싶은 자기 유능감의 욕구, 강연을 힘들어하면서도 강사 페이가 있어야만 유지되는 살림 때문에 강의 요청이 없으면 역설적으로 힘들어지는 마음, 매달 고정적으로 지출되는 어머니 병원비와 소모품 비용 그리고 일과 병간호 모두 감당해 내기 위한 정신력과 체력의 요구 등으로 하루도 마음 편한 적이 없었다. 쉼 없는 고단한 인생에서 삶의 텐션이 조금이라도 강하게 덮쳐 오면 균형을 잃지 않으려고 긴장이 더해졌다.

20대의 그 순진한 태도는 사라지고 돈 걱정에서 자유로워지고 싶은 갈망이 차츰 깊어졌다. 충분한 수입이 있으면 어머니 병원비뿐만 아니라 개인 간병인을 쓸 수 있고, 더 나은 병실 환경을 어머니께 제공하고 내 휴식 시간도 확보할 수 있을 텐데…. 성공을 무시하면서 흠모했고 개인적 안위를 배격하면서 희망했다.

 어머니가 의식을 잃은 지 얼마되지 않은 무렵, 경희의료원에 입원해 계실 때다. 당시 주치의는 나와 동갑이었다. 한번은 주말 오전 근무를 마치고 퇴근하면서 사복 차림으로 병실에 들러 어머니 상태를 잠깐 살펴주었다. 주치의가 자기 환자에 대한 관심이 각별해 보여 고마웠다. 그런데 그는 뜻밖의 말을 내게 건넸다.
 "보호자 분, 왜 그렇게 살아요? 병원에서 어머니께 매달리지 마세요."
 "네? 무슨 말씀인지…."
 "회복되는 병이 아니에요. 자기 인생을 사는 편이 나아요."
 "제 인생이요?"
 "졸업하기 전에 상도 받았다고 아버님이 말씀하던데 어머니 옆에서 그렇게 간호하며 시간을 보내는 건 낭비일 수 있어요."

"아, 네…."

대화는 일방적인 조언으로 끝났다. 나는 그 주치의의 말을 이해할 수 없었다. 내 인생이라는 게 따로 있다는 생각이 들지 않았고, 보호자 마음에 공감하기보다 세상의 한 자리를 향해 가는 노력과 경쟁이 최선이라는 자기 생각을 전해준 것으로 간주하고 그냥 넘겼다. 주치의와 환자 보호자로 잠시 만나서 서로의 생각이 다름을 확인한 것일 뿐이라고.

그런데 어머니 돌봄의 세월이 20년에 가까워지면서 그 주치의의 말이 가벼운 게 아니란 것을 종종 경험했다. 세상에서 힘든 일을 계속 감당하며 산다는 게 그리 단순하지만은 않았다. 안정적인 수입이 들어오는 자리에 있다면 훨씬 편할 수 있는 순간이 많았다. 고단하기만 하고 월급은 병원비로 쓰면 남는 게 없는, 책 만드는 직업에서 버텨내야 했다.

월급쟁이로 감당할 수 없어 출판사를 창업해 1년 동안 운영해 봤다. 돈 걱정이 얼마나 무시무시한 것인지 목에 칼이 들어오는 듯한 숨 막힘을 경험했다. 당시 판교의 야외

공연장 환풍기 붕괴 사고 뉴스를 접하면서 차라리 내가 그 사고 현장에 있었으면, 불의의 사고로 갑자기 세상을 떠날 수 있고 그러면 차라리 좋겠다는 생각이 들 만큼 괴로웠고 절박했다. 가족에게 보상금을 남기고 사라지고 싶을 만큼 괴로웠다. 중소기업 사장이 극단적 선택을 하는 심정이 이해됐고, 어떤 식으로든 한국 사회에서 창업해 직원 월급을 지급하는 분들에 대한 존경심이 가득해질 만큼 혼자 사업체를 꾸려 수입을 창출하는 것이 힘들다는 걸 뼈저리게 느꼈다.

현실의 여러 지점을 거쳐갈수록 인생의 가치 투자는 허덕임과 시간 낭비의 세월로 점철돼 갔다. 카라바조의 그림에서 보이는 다윗의 얼굴로 해맑게 사회에 나와 골리앗의 얼굴로 피폐해졌다. 그런 이중적인 자아가 정화되는 순간이 있다. 바로 어머니 간호할 때다. 내 손으로 어머니 얼굴과 몸을 깨끗하게 해드리고 호흡과 관절을 안정시키는 순간 나는 이 땅에서 가장 의미 있는 일을 한다는 기쁨이 충만해졌다. 그 시간에는 돈 걱정이 사라지고 안정에 대한 염원도 사라진다. 외형적으로 커지는 성장이 아니라, 삶이 숙성되는 성숙을 향한 걸음이며 다시 삶의 가치를 발견하는 동력을 얻는 시간이다. 감 농사 지을 때 작은 열매가 점점 커가다가 어느 순간 성장을 멈추고 쓴맛이 단맛으로 바뀌는 성숙의 시간이 필요하듯이, 어머니 병간호로 청춘과 장년의 시기를 꽉 채운 내 인생도 쓰디쓴 시간에서 달달한 시간으로 변모하는 성숙의 시간으로 해석했다. 나는 미천하지만 존귀한 아들이고 내 시간은 세상에서 가장 가치 있는 순간의 연속이라는 뿌듯함이 병간호 때마다 내 허전한 가슴을 채웠다.

병원에 방문해 반나절을 집중해서 케어해 드린 뒤 어머니 손을 잡고 기도하면서 이 땅의 환난 중에 고아와 과부를 위한 삶을 살겠다는 그 소명도 회복했다. 금과 은은 없지만 의미 있고 가치 있는 일을 향해 일어설 용기를 회복했다. 병원에서 그런 시간을 보내고 일상으로 돌아가면 두 아들을 키우는 아빠 모드로 바로 바뀌었다. 아들과 자전거를 타며 아빠 얘기를 들려주었다. 외롭고 쓸쓸한 길에 외롭지 않고 쓸쓸하지 않은 인생이 무엇인지 계속 찾고 있다. 아빠 역할도 처음이기에 미숙해서 불안해도 성장과 성숙이 있으리라 여기며 희망을 간구한다.

장기 연명치료에서 일어나는 숱한 갈등
책임지는 삶이란 무엇일까

어머니 병원에서 오는 전화는, 보호자로서 어려운 결정을 해주어야 할 문제가 발생할 때다. 병원비가 늘어난 것에 대해서도 전해 듣는다. 날씨가 덥지 않아도 병원 전화를 받으면 등줄기에 땀이 쭉 흐른다. 또 무슨 일일까, 병동 간호사실에서 걸려 온 전화에 간담이 서늘해졌다. 단백질 보충제가 떨어져 더 드릴지 말지 허락을 구하는 내용이었다. 한 번 드리는 데 3만 원 정도 든다. 당연히 드리라고 대답했다. 이 정도 비용은 기꺼이 감수할 수 있다. 훨씬 비싸도 감내해 왔고, 다른 지출을 아끼고 나를 위한 소비 욕구를 억제

하면서 환자인 어머니를 위한 지출에 마음을 열어두고 살아왔다. 여러 해가 흐르면서 크고작은 고민이 없지 않았다. 돈이 문제가 아니라 과연 어머니께 도움이 되는 결정일까, 하는 판단이 늘 어려웠다. 하늘만 아는 마지막 때까지 최선을 다한다는 마음으로, 그날이 편하게 오도록 돕는 것이 내 역할이라고 생각하면서도 종종 번민에 휩싸였다.

어머니 같은 의식 불명의 장기 환자는 욕창, 폐렴 등의 고통을 거쳐 이 땅에서의 생을 마감한다. 하늘로 가는 길에 허락해야 하는 부분을 너무 막지 말라고 조언해 준 지인이 있었다. 누구보다도 욕창 예방에는 선수인 내 경험은 내게 그대로 직진하라고 손짓했다. 한편으로는 욕창과 폐렴의 과정을 이미 겪고 하늘에 계신 분들의 미소가 아른거렸다. 어머니 투병 중에 지인들 부모님 가운데 정정하시던 분들이 소천하셔서 조문을 간 적이 많았다. 지인들 부모님에 비해 건강이 가장 안 좋은 분은 어머니였는데 멀쩡하게 지내던 선후배나 친구의 부모님이 돌아가신 일이 많았다. 20년이나 투병하셨으니.

천국이 이 땅보다 훨씬 낫다는 것을 모르지 않는다. 나

또한 이 땅에서 아빠와 남편의 역할까지만 하면서 살고 싶다는 생각이 많았다. 내가 엄마라면 "아들아, 영양제 놓지 마라. 이 좁은 병상에서 엄마는 오래 있고 싶지 않아" 했을 것이다. 그 말씀이 속에서 늘 울려왔고 그럴수록 마음이 아팠다. 친한 감염내과 선생님은 소극적으로 간호하고 가정에 충실하라는 말씀을 오래전부터 해주셨다. 나는 가정에 충실하면서 장기 연명 환자인 어머니께도 충실한 태도에 관해 깊이 고민하며 견뎠다. 가장 힘든 사람은 어머니라고 생각하면서.

영양제, 초음파 시술, 항생제, 독감 주사 등 계절마다 따라다니는 이런 치료에 대해 의료진이 허락을 구해 올 때 한 번도 거절하지 않았다. 어찌 "아니오" 할 수 있을까. 난 성경의 사랑을 묵상하고 그 정신에 따라 결정했다. 부디 이런 숱한 고민의 과정을 거쳐 하나님이 어머니를 부르시는 그날, 끝까지 책임을 다했다고 생각할 수 있기를 바랄 뿐이었다. 이 어려운 문제를 해결하고 고통에서 벗어나는 것은 내게 달려 있지 않다.

병원에서 독감 예방 주사, 단백질 보충제와 영양제 등의 투입에 관해 의견을 물으면 무조건 "네"라고 한다. 그 마음은 아픈 갓난아기를 돌보는 엄마의 마음과 같다. 그러나 현실은 어떤가. 자라나는 아이의 보호자로서 마음과, 돌아가실 날만 남은 뇌질환 부모의 보호자로서 마음은 같지 않다. 나는 일상생활에서 이를 악물고 참고 절약해서 어머니께 들어가는 비용 조달과 간병에 최선을 다했다. 어머니 마음은 어땠을까? 과연 이 모든 결정은 어머니를 위한 것이 맞을까?

세상일이란 게 당사자가 돼 보지 않으면 함부로 말할 수 없는 것이 많다. 대학을 막 졸업하던 청년기 때부터 어머니 간호를 해오며 다양한 일을 겪었고 혼자 책임지고 결정하며 견뎠다. 나 자신을 위한 판단을 해본 적이 없다. 그랬다면 병간호를 포기하고 내 생활을 시작했어도 벌써 했을 것이다. 직장을 구해 월급을 받고 강연 요청에 응하며 강사비를 받고 책이 판매돼 인세를 받은 것 전부를 병원비로 지출해도 아깝지 않았다. 병간호를 할 수 없는 직장은 사표를 쓰고 나왔고, 이직해서 어머니 병간호에 차질이 생기면 또 회사를 그만두거나 옮기는 데 주저하지 않았다. 그래서 삶이 녹록지 않았지만, 후회는 없다. 그 경험이 결국 어머니의 평안과 나의 나 된 모습을 만들었기 때문이다.

어려운 선택의 갈림길에 서면 무엇이 '책임지는 사랑'인가 하는 기준에서 방향을 정했다. 끝까지 책임졌고 그로 인해 고달픈 적이 많았지만 감수했다. 50대 중반이 된 지금 항우울제와 수면 영양제의 도움을 받는 날도 있다. 무엇이 행복일까. 아빠의 마음에서 내 아들은 나처럼 살지 않기를 간절히 바란다.

2017년 10월 14일, 어머니가 만 20년의 투병을 마치고 하늘의 부름을 받으셨다. 하염없이 울었지만 감사했다. 길고 긴 장기 연명치료의 세월에 마침표를 찍었고, 크고 많은 갈등을 견뎠고, 그 마지막 날을 만나며 말할 수 없이 힘든 시간을 졸업했기 때문이다.

세상에서 가장 행복한 엄마
사랑하는 가족의 생명을 지키는 고귀한 역할

석 달 가까이 사람이 씻지 못하고 누워 있으면 어떻게 변하는지 잘 알고 있다. 어머니가 혜민병원 중환자실 철문 안에 계신 지 석 달 가까이 흘렀을 때다. 머리는 온통 하얀 이물질들로 뒤범벅이 되어 있는데 가려워하는지 아닌지조차 알 수 없고, 보다 못해 면회 시간에 한 번씩 긁어드리면 더 고통스러운 듯 괴로운 표정이었다. 아무 손도 못 쓰고 옆에서 안타깝게 지켜 보면서 팔다리만 주물러드리며 20분의 면회 시간을 보내고 나왔다.

그뿐인가? 얼굴과 몸 어디에도 사람 냄새는 나지 않았다. 입안은 온통 백태가 끼어 혓바닥과 이 전체에 누런 껍데기가 덧씌워져 있었다. 간호사들이 닦아 주면 좋겠건만 거기까지 신경 쓰는 중환자실 인력은 아무도 없었다. 면회 시간에 기저귀 교체도 제대로 안 된 모습을 자주 보았다. 손과 발도 온통 튼 채 얼룩져 있고, 몸은 주삿바늘 자국투성이였다. 한번은 손을 닦아드리려고 어머니 손을 잡고 물수건으로 피부를 밀어 보니 두꺼운 때가 쭉쭉 밀려 나왔다. 그때부터 하루 세 번, 면회 갈 때마다 가제 수건을 삶아 빨아서 닦을 수 있는 부분을 열심히 닦고 나왔다.

그래도 다음 면회 시간에 들어가 보면 목 주변엔 누런 가래가 지저분하게 흘러 있고, 얼굴은 고통으로 부어 있으며, 기저귀는 배설물로 얼룩져 있었다. 예전의 깔끔한 어머니 모습은 어디에서도 찾아볼 수 없었다. 어찌해야 할지 아무것도 모르던 그 시절, 하나님께 살려 달라고 부르짖기만 하던 나는 죽을 것만 같은 고통에 휩싸였다. 어머니 목욕 한 번만 시켜드리면 얼마나 좋을까 하는 생각에, 집에 돌아와 내 몸을 씻을 때마다 양심의 가책을 느끼며 흐느껴 울었다.

방치된 짐승과 별 차이 없는 모습을 하루 세 번 면회 시간마다 마주하던 그 고통을 말로 표현할 수가 없다. 혜민병원 중환자실에서 그렇게 보내고 병원을 경희의료원으로 옮기고 난 후, 전문 간병인을 구해 어머니 머리를 감겨드렸다. 비로소 평온한 얼굴을 되찾으셨다. 쓰러지신 지 3개월 만의 일이다.

정말 기쁘고 안도한 때는 역설적으로 병원에서 '가망 없음'이라는 절망적인 선고를 받고 6개월 만에 퇴원한 후 집으로 모시고 온 뒤부터다. 1997년 11월 27일 가게에 출근한 뒤 6개월 만에 집에 오신 어머니는 전혀 다른 모습이었다. 그 생명을 지키는 역할은 오롯이 나 혼자 감당해야 했다. 두렵고 떨렸지만 정신 차리고 어머니에게 필요한 의료 처치와 위생 관리에 집중했다.

아침마다 하루도 빠트리지 않고 침상에서 어머니 목욕을 시켜드렸다. 큰 대야에 온수를 받아 놓고 침대에 방수포를 깔고는 내 손으로 어머니 머리부터 발끝까지 모두 깨끗이 씻겼다. 목욕과 더불어 Y거즈 드레싱을 하고, 입을 벌려 식염수에 담근 솜과 가그린에 담가 짠 거즈로 이와 혀까지 모두 닦고, 얼굴에 화장수를 발라 드리고, 깨끗한 환자복으로 갈아입힌 뒤 이불을 덮어드리면 정갈한 모습이 되신다. 병실에서의 환자 냄새, 소독약 냄새는 사라졌고, 이전의 어머니 모습과 별반 다르지 않게 향긋한 내음이 났다. 무엇보다 어머니의 편안한 표정에 말로 형용할 수 없는 기쁨을 누렸다.

어머니 몸이 얼마나 더러운지는 내게 전혀 부끄러운 일이 못 된다. 그분은 꼼짝할 수 없는 환자이고 '지저분함'이 많이 발견될수록 난 더 깨끗이 씻겨드릴 의무와 책임을 다 했다. 종합병원에 계실 때보다 훨씬 안정적인 모습으로 투병하실 수 있었다. 어머니 재가 케어의 방법들을 하나하나 익혀 갔다. 혼자서 의사, 간호사, 물리치료사, 영양사 역할을 다해야 하는 것이 처음에는 두려웠지만, 시간이 흐르면서 24시간 간호에 숙련된 전문가가 되었다.

영양 상태도 병원에서보다 훨씬 나아졌다. 대소변 치우는 건 일도 아니었다. 그런데 어느 날부터 뉴케어 경관식만 드시다 보니 변비가 심해졌다. 시원하게 배출하지 못하고 괴로워하시는 게 확연히 보여, 몸에 좋은 죽을 만들어 드리기로 했다. 가정간호사의 조언을 받아서 죽 재료를 사왔다. 시금치, 우엉, 다시마, 당근, 양배추, 쇠고기, 잔멸치 등의 재료를 씻고 다듬어서 믹서로 갈아 죽을 끓였다. 일명 쇠고기 채소죽을 한 번 만들면 보름치 정도 충당할 수 있었다. 뉴케어를 하루 3회 식사 때 드리고 쇠고기 채소죽은 하루 2회 간식으로 드렸다. 그리고 비타민과 유산균을 보충하기 위해 오렌지주스와 비피더스를 후식으로 드렸다. 그 쇠고기 채소죽을 만들어 드린 뒤부터 변비가 말끔히 사라졌고, 얼굴 피부도 맑아졌다.

병원에서 가망이 없으니 집으로 모시고 가라고 했을 때의 절망감을 잊지 못한다. 하지만 뒤로 물러설 곳이 없어서 내가 직접 어머니를 세심하게 케어해 드리기로 작정하고 연구해서 하루하루 간호하다 보니 어느 순간부터 24시간 간호하며 살아가는 청춘의 일상에 친숙해졌다.

매일 집에서 거의 꼼짝하지 못하고 간호하다 보니 마음 편히 외출해 본 적이 없다. 나를 만나고 싶어 하는 지인들은 우리 집에 찾아와야 했다. 종종 교회 청년들이 약속을 정해서 문안하러 왔다. 우리 모자의 모습을 가까이서 보는

것이 각자 자신만의 어려운 삶에 큰 위로를 받는다며 자주 방문했다. 매일 어머니 간호만 하며 지내는 내게도 지인들의 방문은 큰 위안이 됐다. 한 번은 신학대학원 입시를 준비하던 교회 후배가 집에 들렀다. 저녁 시간에 왔기 때문에 어머니 간호하면서 밥상을 차렸다. 식사 준비하는 동안 석션을 열 번도 넘게 했다.

난 후배에게 먼저 식사하라고 하고는 계속 어머니 침상을 주시하며 석션을 하면서 대충 국에 밥을 말아 허겁지겁 먹었다. 식사도 편히 못하는 내 모습을 보던 후배는 "형, 나는 절대로 못할 것 같아" 하며 존경 어린 눈으로 바라보았다. 난 그에게 말했다. "한밤중에 귀를 쫑긋 세우고 어머니 병상 옆에서 새우잠을 자면서 밤새 석션하고 기저귀를 제때 잘 교체하고 체위 변경을 자주 하는 게 힘들지, 깨어 있는 시간엔 괜찮아." 그 후배는 내가 병간호하는 모습을 지켜보는 내내 어떻게 그렇게 살 수 있냐는 표정이었다. 그는 지금 중국 상하이에서 한인 교회 목회를 하고 있다.

사랑은 끝까지 책임지는 것이라고 생각한다. 돌보는 자의 손에 맡겨지면 '아픈 정도', '더러움의 정도', '요구해야 하는 정도'는 아무 문제도 되지 않는다. 돌보는 자가 사랑의 마음으로 해결하면 되는 일이다. 내가 해결할 수 있을 때는 몸도 마음도 편했다. 집에서 어머니 간호를 시작하던 초기 석 달은 아무것도 할 수 없는 무력감에 사로잡혀 있었는데 그때가 가장 고통스럽고 힘들었다.

1년에 한 번은 어머니 교회의 같은 구역 식구들이 집에 오셨다. 어머니는 의식을 잃기 전에 구역 모임에 열심히 참여하셨다. 일하시던 광장시장의 유명한 떡집의 떡을 사서 구역 모임의 아주머니들께 대접했다. 그 모습을 기억하는 분들이 집에 오셔서 병원 침대에 정갈하게 누워 계신 어머니를 보고는 모두 한마디씩 하셨다.
"신 집사님, 곧 일어나실 것 같아요."
"세상에서 가장 행복한 엄마네요."
"내년에 또 올게요."

그분들이 어머니 손을 잡고 "세상에서 가장 행복한 엄마"라고 말해 주실 때 울컥했다. 고등학교 시절 처음 교회에 갔을 때부터 줄곧 해온 기도가 "어머니가 행복하게 해주시고 새벽 장사 안 하고 쉬게 해주세요"였다. 내 기도는 땅에 떨어지지 않고 모두 이루어졌다. 아니, 두 배로 응답됐다. 낮에도 밤에도 편히 쉬면서 잘 계시니까.

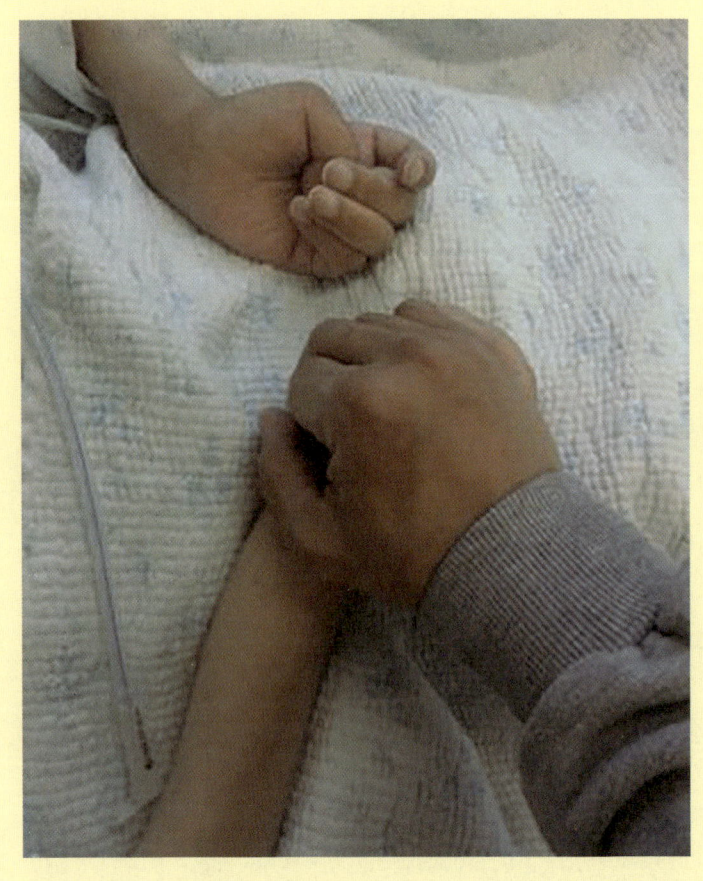

이 손의 온기를 언제까지 느낄 수 있을까?
오랜 간병에도 그립다. 마음의 고통은 줄어들지 않았다.

5부
20년 간호의 끝, 새로운 시작

어머니 간호의 마지막 4개월, 어느 날
살아오면서 가장 어려운 문제에 직면하다

얼마 전부터 어머니께 들어가는 경관식이 소화가 안 되고 몸속에서 그대로 축적돼 독처럼 작용한다는 주치의 소견을 들었다. 와상환자는 일반적으로 폐렴이나 욕창을 겪으며 돌아가시는데 그런 병증이 틈타지 않게 간호해 오다 보니 결국 어머니 몸속 기관이 제대로 작용하지 않는 상태에 다다른 것이다. 경관식을 멈추고 포도당액 주사로 식사를 대신하면서 살은 더욱 빠져 몸이 앙상해지셨다. 이어서 욕창이 생겼고 상처가 점점 심해졌다.

20년간 잘 관리해 온 욕창이 어머니 몸에 생기니, 내 모든 삶의 자부심이 무너져 갔다. 내게만 있던 가장 확고한 자부심이 무너졌고, 더는 내 노력으로 할 수 있는 게 없다는 한계를 인정하면서 삶의 존재 이유까지 위협받았다. 극심한 무력감이 밀려왔다.

주치의 선생님을 만났다. 욕창 치료에 필요한 투약 외에는 최소한의 치료만 하고 피검사나 해열 치료는 중단한 상태라고 했다. 지난주에 간병인은 어머니께 독한 항생제가 계속 들어가는 것 같다고 했는데 오해였다. 주치의 선생님은 이 상태로 2~3개월 지속될 수도 있고 어머니가 너무 마르셨기 때문에 순식간에 몸의 균형이 무너져 돌아가실 수 있다고도 하셨다. 당장 내일 돌아가셔도 이상할 게 없는 상태라고.

상처 치료를 중단하고 식사량을 절반으로 줄일 것인지 내게 물으셨다. 그런 보호자들이 다수이고 일반적인 결정이라고 덧붙였다. 이 어려운 질문 앞에서 지난 20년을 돌보고 책임져 온 내가 쉽게 답할 문제는 아닌 것 같다고 말씀드렸다. 어머니를 부르시는 하나님의 때는 정해져 있으리라 생각한다고…. 상처가 곪으면 간병하는 분도 힘들고 냄새로 병실 공기도 나빠지는 폐를 끼치니 치료는 계속해 주시고 식사량은 선생님의 오더에 맡기겠다고….

살아오면서 가장 어려운 문제에 직면했다. 내 인생에서 완전히 답이 사라진 순간이다. '믿음'과 '기다림'의 문제다. 어느 신학자가 하나님을 믿는 신자에게 가장 어려운 건 하나님을 잘 믿는 거라고 했다. '기다림'도 추가해야 하지 않을까. 기다리는 것, 어렵다. 늘 기다리는 삶이었다. 발버둥 치며 소리 지르고 싶다. 벼랑 끝에 선 절대 고독과 같은 깊은 아픔의 시간이 이어진다. 물음에 답은 없다. 믿음과 기다림은 허망한 배신감을 마주하며 시험에 들게도 한다.

책 편집 일을 맡아달라는 제안을 모두 거절하고 어머니 병원을 오가며 집중했다. 다른 일을 손댈 만한 에너지가 뚝 끊겼다. 이 낯선 고통과 두려움을 다스리며, 내가 할 수 있는 게 믿음과 기다림이란 것에 답답했고 숨 막혔다. 사랑하기 때문에 더 깊이 아프고 고독하고 절망한다.

어머니 소천하신 날

그 사랑으로 어려운 이웃을 생각하며 살아가겠습니다

뭐라 표현할 수 없는 감정이 교차합니다. 지난 20년의 삶, 깊고 긴 꿈을 꾼 것만 같습니다. 많이 괴로웠고 감당하기에 벅찬 시간이었지만 하나님이 주신 삶이라고 생각했습니다. 제가 지니지 못한 능력을 구하면서 그 긴 세월을 사랑하는 어머니에게 매여 살아왔습니다.

어머님이 하늘의 부름을 받기 전 4개월은 제 한계를 넘어버린 시간이었습니다. 소화 능력을 상실한 어머님께 투입되는 약들로 겨우 생명을 유지하고 계신 얼굴에는 몹시

이 땅에서 잠시 이별하지만, 천국에서 다시 만날 소망으로 드린 첫 꽃다발

힘들어하시는 마음이 역력했습니다. 기본적인 식사와 투약만 하기로 한 뒤 4개월 내내 깊은 우울감에 젖어 있었습니다. 똑같이 간호하면서 몹시 낯설기만 한 혹독한 좌절과 슬픔이 가득했습니다. 그런데 하나님은 어머니를 바로 부르지 않으셨습니다. 병원에서는 당장 내일이 마지막 날일 수 있다고 했는데 4개월을 견디셨습니다.

매일 밤 머리맡에 휴대폰을 두고 잠을 자는 둥 마는 둥 하다가 병원에서 연락이 오면 달려갈 태세로 선잠에 들었습니다. 20년의 간병 세월을 지나며 이 땅에서의 어머님과 이별할 시간이 다가오고 있다는 현실이 믿기지 않았습니다. 죽음을 대기하는 시간이 낯설면서도 가장으로서 생계도 걱정해야 했습니다. 계속 쉬고 있을 수만은 없어 소소한 몇 가지 일도 맡았습니다. 언제 끝날지 모를 고통의 시간을 받아들이며 서점에서 나를 위로할 책을 붙잡고 씨름하기도 했습니다.

2017년 10월 11일 수요일에 어머니를 뵀을 때 열이 계속 나고 있다는 의료진 소견에 오늘이 마지막 간호일 것 같은 예감이 들었습니다. 그날이 진짜 마지막 날이었다는 것을 알고는 그때 하나님 품에서 편히 쉬게 해달라는 기도를 좀 더 다정하고 긴 언어로 해드릴 걸 하는 후회가 남습니다.

10월 14일 새벽 3시 반, 머리맡에 둔 휴대폰이 심하게 울었습니다. 전날 금요예배를 다녀와 밤늦게 귀가한 터라 잠깐 눈을 붙인 뒤였습니다. 전화벨에 어머니의 마지막 밤임을 직감했습니다. 예상대로 병원에서 어머니 맥박이 약해지고 있으니 최대한 빨리 오라는 연락이었습니다.

그날이 그렇게 왔습니다.

새벽에 머리가 너무 맑아서 아무 생각도 어떤 감정도 없이 차분하다가 외곽순환고속도로에서 병원 방향의 송내로 꺾어지는 순간 눈물이 쏟아졌습니다. 아무 일도 없는 듯이 조용한 새벽에 병원 로비에서 엘리베이터를 탄 순간 극도로 긴장되면서 심장이 떨렸습니다.

병실에 들어서자, 수요일 마지막에 만난 어머니 모습에서 20년이나 익숙하게 붙어 있던 의료기구들이 막 제거돼 있었습니다. 5분 전에 숨을 거둔 어머니가 계셨습니다.

10분만 빨리 왔으면 마지막 인사를 드리는 건데….

나중에 알았습니다. 간병인 말로는 지난밤에 너무나 힘들어하셨다고요. 내게 그 모습을 보여주지 않으시려고, T 케뉼라, 레빈튜브, 폴리라인 등 이제는 거추장스러운 의료기구가 몸에 달리지 않은 깨끗한 모습으로 아들을 맞으시려고, 대학 시절에 늘 곁에서 웃어 주시고, 광장시장에서 고생하면서도 유일하게 밥 차려 주신 주말 저녁의 그 따뜻한 밥상 앞 편안한 얼굴을 보여 주시려고, 힘든 모습이 막 끝났을 때 저를 만나주신 거라고…. 다른 가족이 오기 전까지 2시간 동안 온기가 그대로 남아 있는 어머니 몸과 함께했습니다.

"주님, 이 몸은 상할 대로 상하고 고통스럽게 쓰다 남은 흔적입니다. 수십만 번 기저귀를 갈고 위생 케어를 한 그 몸이지만 이제 어머니는 영원한 생명의 새 옷을 입고 하늘에 계십니다."

혼자 울며 말로 다할 수 없는 심경을 어머님이 남긴 그 몸을 만지며 천천히 식어가는 체온과 함께 나누었습니다. 그동안 피부의 핏줄 하나라도 상하면 속상해하고 기저귀에 오물이 보이면 바로 갈아드리며 맨손으로 구석구석 깨끗하게 씻겨드린 그 몸 그대로였습니다.

메르스 사태 때 한 달이나 보호자 면회가 안 되어 괴로워했습니다. 골다공증이 와서 물리치료를 내 손으로 할 수 없어 점점 관절이 뻣뻣해질 때 속상하고 죄책감이 들던 피부에 조그마한 상처라도 보이면 가슴이 타들어 가던 그 몸. 1998년 6월에 병원에서 가망 없다고 하여 집으로 모시고 와서 막막하고 두려운 마음을 이기고 혼자 간호법을 궁리하고 집중하여 8년이나 잠 안 자고 외출 안 하고 보전해 드린 그 몸. 내 몸과 생각을 가두었지만 그 고독 속에서 어머님이 안정되실 때 얻은 무한한 자유와 행복과 자존감의 선물을 받은 남겨진 몸. 이제 그 몸이 더 이상 아프지 않다고 하니 여러 기억과 감정이 몰려왔습니다. 대학을 졸업하자마자 20년을 함께한 어머니의 몸이 이제 아프지 않습니다.

병원비 마련하느라 쩔쩔매며 괴로웠던 날들, 사계절 내내 땀 뻘뻘 흘리며 병원에서는 할 수 없고 하지 못하는 간호를 해드리느라 힘이 다 빠져나가고 지쳐서 아내와 아이들 얼굴 볼 때 여력이 없던 날들이 이제 끝이 났습니다.
어머니의 흔적은 내가 지금 잡고 있는 손이지만 어머니의 본질은 하나님 품에 계십니다. 2시간 동안 어머니 몸과의 마지막 시간을 곁에 있는 다른 환자들에게 방해되지 않도록 차분하고 조용하게 흘려보냈습니다. 서서히 식어가는 어머니 체온을 느끼며 곁에 있던 시간은 깊은 감사와 축복의 순간이었습니다.

장례식장으로 옮길 차가 왔습니다. 곧 아버지도 오셨습

니다. 어머니도 힘들게 했고 저도 몹시 힘들게 한 분, 아버지의 통곡이 병실을 채웠습니다. 장례사가 어머니 몸을 시트로 감싸고 앰뷸런스로 옮겼습니다. 앰뷸런스 안으로 어머니 몸이 들어갈 때, 1997년 11월 27일 갑자기 의식을 잃은 어머니가 앰뷸런스에 들어갈 때의 기억과 닿아서 장례식장으로 출발하는 앰뷸런스의 뒷모습을 바라보며 병원 입구 앞 바닥에 주저앉아 울었습니다.

주치의 선생님이 출근해 사망진단서를 발부하고, 원무과에서 마지막 병원비를 결제해 줄 직원이 출근하기까지 두 시간 남짓 홀로 기도하고 생각했습니다. 이 고통스러운 땅이 아닌 하늘에 계신 어머니 모습에 제 마음의 고통도 조금씩 잦아들었습니다.

어머니 마음이 읽혔습니다. "교진아, 이제 엄마에게 매이지 않고 네가 살 수 있어 기쁘단다. 엄마는 너무 홀가분하고 행복해. 너도 꼭 행복해야 해."

부천 가은병원에서 노원 을지병원 장례식장으로 달려가는 길은 몹시 막혔습니다. 천천히 운전하며 마음의 준비를 할 수 있었습니다. 준비된 상복으로 갈아입고 빈소를 정비

할 때 제일 먼저 전 KBS 아나운서 신은경 교수님이 조문을 오셨습니다. 어머니 장례식장에 많은 분이 오셨는데 가장 일찍 오신 신은경 교수님의 첫 조문에 큰 위로가 되었습니다. 객실에서 잠시 대화를 나눴습니다. 신 교수님은 10년 전 어머니를 보내드릴 때 심경을 말씀해 주시며, "어머니는 어느 때에 보내도 어떻게 보내도 한이 남더라"는 말씀을 해 주셨습니다.

제 마음의 고통을 그대로 읽어 주신 말씀이어서 큰 힘이 되었습니다. 어머니를 오랜 세월 책임지고 돌보느라 정말 수고 많았다는 얘기보다는 한으로 남는 게 당연하다는 말씀이 저를 위로했습니다.

주말 새벽에 천국에 가신 어머니, 평일 근무에 지장을 주지 않으려고 그 시간을 택했을까요. 많은 분이 일찍부터 빈소에 들러 주셨습니다. 점점 제 마음이 밝아졌습니다.

어머니도 나도 이렇게 큰 사랑을 받고 있었구나.

글로만 저를 마주한 분들도 찾아 주셨습니다. 처음 만났지만 그분들은 저를 아주 친밀하게 생각하고 계셨습니다.

얼마 전에 어머니와 이별한 대학 후배도 조문을 왔습니다. 제가 대학원을 한 달 다니고 휴학한 뒤 자퇴했는데 잠시 몸담은 대학원에서 얼굴이 가물가물한 선배도 다정한 얼굴로 만나러 왔습니다.

세월호 유가족의 아픔과 함께하는 조미선 누나, 강영희 집사님, 그리고 사랑하는 벗 이진오 목사, 오준규 목사가 따듯한 얼굴로 손잡아 주었습니다. 제게 출판의 기본기를 알려 준 스승 송승호 주간님, IVP의 신현기 간사님, 선율의 이재원 대표, 예책의 장병주 대표, 아르카의 이한민 대표, 비아토르의 김도완 대표 등 출판계 지우들이 책 만드는 우정으로 함께해 주었습니다. '이지선의 주바라기' 홈페이지에서 친해진 박송아 교수도 이승범 교수와 함께 찾아 주어 참 고맙고 반가웠습니다. 제게 정기 후원을 해주신 김의수 형님도 오랜만에 얼굴을 뵐 수 있었습니다.

300여 분이나 되는 조문객들의 이름을 일일이 다 열거하지는 못합니다. 이 감사 글에서 빠진 분들은 너무 친하기 때문에 언급이 안 된 것일 수 있으니 이해를 바랍니다. 어머니가 의식이 없는 상태로 계셨지만, 그렇게 많은 분과 마음을 나눈 것이 기쁘고 영광스러웠습니다.

조금 정신을 차리니 일찍 도착한 화환이 보였습니다. 예수전도단에서 '부활'이란 글자를 새긴 작은 화환을 보내 저를 크게 위로했습니다. 어머님의 부활과 천국의 시간이 시작된 것입니다. 장례식은 제게 가장 영적인 예배 시간이 되어갑니다. 부활과 천국을 묵상하기에 이보다 더 좋은 예배는 없습니다. 죽음을 가까이서 보고 경험하는 것만큼 십자가와 예수의 복음을 직접 깨닫는 은혜는 없습니다.

병상의 어머니가 맺어준 인연인 가수 인순이 선생님도 화환으로 위로의 마음을 보내 주셨습니다. 제 결혼식 날 서프라이즈 선물로 축가를 불러 주셨는데, 아프고 영광스러운 날에도 마음으로 함께해 주시니 너무나 큰 힘이 됐습니다. 주일 아침 일찍 함께하는교회 김요한 목사님이 설교를 앞두고 달려와 주셨습니다. 저를 꼭 안아주셨는데 눈물을 겨우 참았습니다.

한국기독학생회 IVF 총무인 김종호 간사님이 어머니 병상에서의 시간은 현대사에 길이 남을 일이라고 말씀해 주시며, 자신이 외국에 있을 때 어머니가 돌아가시면 조문을 못할 텐데 염려하며 계속 기도하셨다는 이야기를 들려주셨습니다. 간사님 말씀에 선물이란 단어가 떠올랐습니다. 지난 20년은 기도하지 않으면 한순간도 살 수 없던 나날이었고, 그러한 매 순간이 하나님의 선물이었고, 천국으로 불러 주신 지금 이 순간은 더욱 큰 하나님의 선물이란 사실을 알았습니다.

제가 편집한 책의 저자들이 오셨을 때 기뻤습니다. 《고통의 시대, 광기를 만나다》의 최규창 형, 《본질이 이긴다》의 김관성 목사님과 조영진 이사님, 《공간의 해석학》의 임시영 교수님. 모두 시간 내기가 쉽지 않은 분들인데도 조문해 주셨습니다. 제가 기획하고 편집한 모든 책이 소중하지만, 이 세 권은 저를 출판인으로 성장시킨 디딤돌의 목록입니다.

주일 정오에 입관식을 했습니다. 저는 2시간 넘게 어머니의 남겨진 몸과 대화를 나누었고, 지금 이곳에 있는 몸은 어머님의 흔적이고 본질이 아님을 알기에 슬퍼하지 않았습니다. 아버지와 동생, 다른 가족들은 통곡했지만, 저는 이제 하늘에 계신 어머니를 기뻐하고 감사하는 마음으로 바뀌었습니다. 오랜 세월 둘만의 시간으로 넘치게 보낸 것이 그 시간을 축복으로 채웠습니다.

천국과 부활을 아는 것은 장례에 큰 기쁨이요 감사입니

다. 그러나 현실은 참 슬프고 아팠습니다. 덤덤하게 입관식을 마치고 어머니 사진 앞에 오자 눈물이 쏟아졌습니다. 이별에 대한 눈물이 아니라 아프리카 기아처럼 앙상하게 말라간 몸이 사라지고, 제게 다정하게 말을 건네며 걱정해 주고, 뺨 뽀뽀를 하면 "이눔의 자속" 하며 웃어 주시던 20년 전의 그 모습으로 바뀌는 정화가 일어나서 쏟아진 눈물입니다.

상심과 회한의 눈물이 아니라 제 기억의 어머니 모습이 평화롭게 바뀐 순간의 눈물인데 상주의 눈물을 많은 사람에게 보이고 말았습니다. 조문객들과 함께한 입관 예배에서 유가족 대표로 인사말을 전했습니다. "낭떠러지 끝에서 지내온 20년의 어머니 간호 기간에, 교회는 제가 떨어질 때 바닥에 부딪히지 않도록 보호해 준 안전망이었습니다. 그 사랑의 안전망이 있었기에 절벽에서 기어오를 수 있었고 다치지 않고 살 수 있었습니다. 큰 섬김만 받던 제가 이제 무거운 짐을 내려놓고 섬기는 자가 되는 순간을 맞이하게 돼 감사합니다."

화장터인 용인 평온의숲 주변 경관이 참 아름다웠습니

어머니 묻힌 곳에서 올려다본 하늘

다. 어머니의 관이 들어가고 흙으로 돌아갈 재가 되어 나올 때 교인들과 예배를 드렸습니다. 분골 상자를 든 제게 상실감은 한 줌도 없습니다. 작은 상자를 들고 밖으로 나와 걸으면서 환한 햇살이 비출 때 미소 지을 수 있었습니다.

엄마, 이 햇빛이 정말 좋네요.
엄마가 만나고 싶은 햇살 안에 이미 계시죠?
그동안 얼마나 이 햇살을 만나고 싶으셨어요? 참 좋죠?

청계공원묘지까지 이동하는 차에서도 어머니가 제게 주

신 마음이 샘솟듯 떠올랐습니다. 늦은 오후의 뜨거운 햇살이 어머니를 모신 작은 묘 터를 환하게 비추었습니다. 여기까지 함께한 가족이 많지 않아 교인들이 자리를 채워 주시지 않았더라면 단출할 뻔했는데 어머니 주변에 사람이 많이 와 있다는 것이 또 큰 위로였습니다. 화장터에서의 예배에 이어 마지막 예배를 유철규 목사님이 인도하셨습니다. 부활과 천국의 메시지 그리고 남은 가족이 살아가며 기대할 복음의 메시지가 제 마음을 환하게 이끌었습니다.

어색하고 서먹했던 가족들과 웃으며 인사를 나눴습니다. 삼촌과 이모들에게 그동안 수고 많았다는 말을 들으니 왈칵 눈물이 나와 구석에 가서 조용히 울었습니다. 옷을 갈아입고 집으로 와서 동사무소에 들러 시립묘지사용허가서를 받아 처리하고 다시 어머니 곁으로 달려갔습니다. 잠시 그곳에 머물러 하늘을 올려다보았습니다.

엄마가 좋아한 장밋빛 저녁노을로 수놓인 하늘이 저를 보고 웃고 있는 듯합니다. 끝까지 잘 마치고 졸업했구나. 자유, 기쁨, 영광 그리고 이곳이 천국이구나.

집에 와서 아이들을 데리고 아내와 외식을 했습니다. 가까운 곳에 있는 한식뷔페에서 맛있게 먹었습니다. 아내에게 사고 싶은 옷 한 벌 사라고 했습니다. 맛있게 먹는 아이들을 꼭 안아주었습니다. 아이들 머리를 쓰다듬으며 아빠가 그동안 많이 미안했음을 표현했습니다.

어머니를 만 20년간 간병하다가 천국에 보낸 제게 상실감이 한 줌도 남지 않은 것도 조용히 기도해 주신 분들 덕분입니다. 이렇게 긴 감사의 글도 처음 써봅니다. 천국에서 사랑하는 어머니를 만날 날을 기대하니 세상살이가 그다지 고달프게 느껴지지 않습니다. 마지막 시간까지 함께해 주신 분들께 깊이 감사드립니다. 그 사랑으로 어려운 이웃을 생각하며 살아가겠습니다.

어머니 빈소에서 만난 부활

20년 병간호 후 재해석한 고통의 의미

"신영애 환자 보호자님, 지금 빨리 오셔야겠어요."

새벽 3시 반에 울린 병원 전화였다. 직감적으로 어머니의 마지막 순간이 다가왔음을 알았다. 얼른 일어나 병원으로 달려갔다. 4개월 전부터 전화기를 머리맡에 두고 자던 중이었다. 그 4개월은 내게 극심한 우울과 고통을 안겨 주었고, 삶의 의지를 다 떨어트렸다. 도대체 20년의 긴 세월 동안 이어진 사랑하는 생명의 소멸과 지난 4개월의 극심한 고통 앞에서 어떻게 기도해야 한단 말인가.

아무 소리도 들리지 않는 고요한 새벽, 내가 도착하자마자 숨을 거두신 어머니의 육신을 마주했다. 피부가 상하고 연약하게 말라비틀어진 그 육신의 흔적 앞에서 눈물이 펑펑 쏟아졌다. 장례식장 앰뷸런스가 오기까지 2시간 넘게 어머니의 육신과 대화를 나눴다. "수고 많으셨어요. 사랑해요." 이 말밖에 나오지 않았지만, 영혼의 대화는 고요한 중에 언어를 넘어선 언어로 계속됐다.

생명이 다한 어머니의 몸에 마지막까지 감도는 따뜻한 온기는 목 뒷부분에 남아 있었다. 어머니의 뒷목에 손을 대고 기도했다. 곧 앰뷸런스 차가 오고 어머니의 몸이 실리자 차가운 바닥에 주저앉아 울었다. 1997년 11월 27일 뇌출혈로 식물인간이 되셔서 병원에서 7개월, 집에서 7년, 다시 병원에서 13년, 어머니는 만 20년을 식물 상태로 계시다가 하늘의 부름을 받으셨다.

건축학도를 꿈꾸며, 광장시장에서 새벽 장사로 밤낮이 바뀌어 고생하시는 어머니께 러브하우스를 지어 드리고 편안하게 누리는 인생을 맞이하게 해드리고 싶었다. 김영삼 정부 말기였던 그 시절, 어머니는 일하러 나가셔서 가게 문을 연 뒤 갑자기 의식을 잃으셨다. 그 새벽에 큰 병원 두 곳에서 수술이 거절되고, 골든타임을 놓친 채 간신히 수술실로 들어가셨다. 3시간 넘게 집도한 의사 선생님은 기다려 봐야 결과를 안다고 하셨다. 중환자실에서의 석 달 후 병원에서는 가망이 없다는 선고를 했다.

중환자인 어머니를 집으로 모시고 왔고 나는 진학해 둔 대학원을 포기하고 어머니의 의사, 간호사, 물리치료사, 영양사가 되었다. 사랑하는 어머니와 진짜 사랑할 시간을 얻은 것이다. 헤세드의 하나님이 예수를 통해 드러내신 그 책임지는 사랑으로 청춘의 시간을 채웠다. 욕창과 폐렴이 사망 원인인 식물인간 상태의 어머니 몸은 내가 연구한 간호 방법으로 매일 향긋하고 튼실한 피부를 유지했다. 나는 24시간 어머니께만 주목하며 손과 발, 호흡을 대신해 드렸다. 어머니는 나와 눈빛과 표정으로 교감했다. 나는 어머니의 표정만 보고 지금 원하시는 것이 무엇인지 느낄 수 있었다. 갓 태어난 아이의 옹알이를 엄마는 알아듣듯이 나는 어머니가 되었고 엄마는 갓 태어난 아픈 딸이 되었다.

집에서 간호할 수 없게 된 2004년부터는 재활병원 중환자실에 모시고 간호했다. 병원에서 할 수 없는, 그리고 하지 못하는 간병을 매일 드나들며 보충해 드렸다. 서른다섯에 나는 어머니를 간호한 이야기를 출간해 에세이 작가가 되었고, 취직도 했다. 어머니 간호를 돕겠다며 다가온 분과 결혼하여 두 아들을 두었다. 어머니는 의식이 돌아오지 않고 조금씩 나빠지셨지만, 내 인생에 특별은총인 부분을 다 채워 주셨다. 병이 낫지 않지만, 병을 돌볼 힘과 의지를 성경 말씀과 공동체에서 얻었다.

그 사이 대통령이 다섯 번 바뀌었다. 어머니에 대한 사랑은 더하면 더해졌지, 절대 사그라지지 않았다. 이 고통의 세월에 나는 인생을 계획할 수 없었고, 이 땅의 삶에서 답을 찾으려 하지 않았다. "답 없이 하루하루 살아가는 여정이 신앙"이라고 한 스탠리 하우어워스Stanley Hauerwas 교수의 글을 좋아한다. 그 깊은 고난의 세월은 죽음을 가까이 묵상하게 했다.

어머니는 욕창과 폐렴은 걸리지 않으셨다. 그런데 투병한 지 18년이 되자 장 기능이 멈추었다. 피부가 말라갔고, 경관식 죽을 인위적으로 소화시키는 약을 투여해야 했다.

이런 연명치료를 잘 돕는 것이 정말 잘하는 일일까? 어려운 문제였다. 의료진과 상의해 독한 약들의 투입을 멈추기로 했다. 숨 쉬는 시간에 지옥이 있다면 딱 그 순간일 게다. 그 마지막 고통의 시간이 4개월이나 이어졌다. 극도의 긴장 상태로 있다가 어머니의 마지막 새벽을 만난 것이다.

장례식장에 제일 일찍 도착한 작은 화환에는 '부활'이란 글자가 새겨져 있었다. 어머니 영정사진과 가까운 곳에 두고 손님들을 맞이하며 나는 그 부활의 의미를 묵상했다. 사랑하는 이의 죽음을 경험한 자리에서 묵상하는 부활만큼 강력하게 다가오는 것은 없다. 어머니는 어떻게 보내드려도 한이 남는다. 그런데 그 한이 부활의 의미 앞에서 말끔히 사라져 갔다. 내게 그 순간의 부활은 세상 무엇도 줄 수 없는 위로였고 희망이고 기쁨이었다. 어머니의 천국 시간이 시작되었다는 사실이 보배로운 선물로 다가왔다. 죽음을 가까이서 보고 경험했기에 천국의 예배가 가능했고, 장례식은 부활을 소망하는 가장 영적인 예배였다.

어머니의 생명을 보존하기 위해 애써오며 겪은 몹시 아픈 사건들과 무수한 시간은 결국 부활을 깨달으며 유익으로 변모했다. 천국이 내 삶의 현장에 가득해지는 건 부활 때문이다. 주님의 한결같은 사랑에 대한 배움도 부활을 통해서 완성된다. 부활과 천국의 메시지가 없다면 고통 가득한 인생에 참 자유가 없다는 것을 새삼 깨달으면서 나는 문제를 들여다보지 않고 주님을 바라보는 법을 배웠다. 사랑하는 어머니를 즐겁게 다시 만날 곳이 있다는 사실은 이 땅에서 남은 내 삶이 무엇을 좇을 것인지에 대한 답을 알려준다. 헤세드의 그 사랑, 부활, 천국이 있다는 것이 얼마나 기쁜가.

하늘 소망의 관점과 은혜
어머니 장례를 치르고

장례의 모든 절차를 마치고 가족들이 각자 처소로 돌아갔을 때 나는 묘지 비용을 지불하고 허가 서류를 제출하느라 홀로 어머니의 흔적에 다시 왔다. 그림 같은 하늘빛이 우리 모자를 감싸주었다. 어머니의 남겨진 몸은 화장되어 땅에 있어도 영화로운 몸은 저 하늘보다 멋진 곳에서 환하게 웃고 계실 것을 생각하니 더욱 아름답게 보였다. 이제 하늘을 보고 바다를 보면 그 아름다움의 깊이에 더욱 감탄할 수 있을 것 같다.

의식 없는 중환자로만 견디신 20년 투병을 마친 어머니의 장례는 우리 모자의 슬픈 이별이 아니라 큰 소망의 축복이었다. 병 고침이 불가능한 20년이 완전한 고침으로 받아들여진 축제였다. 아들인 나는 그 축복의 시간을 처음부터 마지막까지 경험하는 소중한 선물을 누렸다.

안장한 지 3일째 날, 꽃을 사들고 어머니 자리에 다시 왔다. 병실에서 상해가던 그 몸이 아닌 하늘에 계신 어머니께 작은 장미 한 다발을 선물했다. 중환자에겐 금지 품목인 꽃, 이제 어머니가 좋아하신 꽃을 드릴 수 있게 된 것도 큰 기쁨이다. 아내와 함께 아버지와 여동생과 식사를 했다. 아직 어색한 자리였지만 아내가 분위기를 잘 조성해 주어 고마웠다.

20년 투병 중 마지막 8년 4개월을 지낸 가은병원에 찾아갔다. 원장님 내외분, 많은 신경을 써주신 중환자실 간호사님, 5층 병동 간호사님 그리고 어머니를 가장 오래 간병하신 반장 간병사님, 마지막 날 어머니의 고통을 다 받아주신 박 간병사님 등 인사드리고 싶은 분들이 신기하게도 모두 근무하고 계셨다. 감사 떡을 돌리고 사례금도 전해 드렸다.

간병사님이 안 받으시려는 걸 반강제로 드렸고, 원장님은 병원에 어머니 이름으로 기증하겠다고 하시며 우린 이제 가족과 다름없다면서 손잡아 주셨다. 어떻게 보면 다시 오기 힘든 장소일 수 있었는데, 한 분 한 분께 그동안 제대로 표현하지 못한 고마움을 웃는 얼굴로 전할 수 있게 된 것만으로도 기쁘고 영광스러웠다.

어머니 병상은 비어 있었다. 주변 병상 환자분들의 힘든 표정이 통증과 함께 가슴에 스며든다. 보호자 한 분이 조용히 미소 짓고 인사하고 가셨다. 그분의 현실이 또 아프게 공감되었다. 눈이 오나 비가 오나 메르스가 오나 요통이 오나 몸살이 오나 상관없이 달려와 간호했던 병원에 아무 긴장도 없고 준비할 간호 물품도 없이 달려온 그 낯선 기분이 신기했다. 병원에 계신 여러분에게 축복받으며 끝인사를 드렸다.

아내와 드라이브하는 기분으로 집에 돌아왔다. 긴 낮잠을 잔 것 같지만 현실이다. 의료 가위, 핀셋, 열기 소독용 냄비 등 지난 십여 년간 잘 써온 의료도구들을 버렸다. 가난한 시절 함께한 소중한 벗을 떠나보내는 느낌이었다. 떨리기까지 했다. 스테인리스 소재 의료기구들이 달그락거리는 소리를 내던 백팩은 세탁소에 맡겼다. 그 수많은 날의 기억을 담아 등산이나 여행 갈 때 들고 다닐 가방으로 재활용하기로 했다. 간호할 때 입은 옷, 가제 수건, 어머니 전용 수건은 모두 버렸다.

새롭게 시작한다. 이전의 나이면서 다른 나의 시작이다. 그 시작이 조금 낯설지만 너무나 새로워 하루하루가 신비롭다. 가장 큰 선물은 미래를 꿈꿀 수 있다는 것이다. 내일을 계획할 수 없는 상태로 버티면서 얻은 경험을 모아서 미래를 꿈꾸기 시작했다. 계획을 세운다는 게 얼마 만의 일인가. 답 없이 걸어온 세월에 이어 이제는 내가 주도적으로 계획을 세워 살아가게 된 일상이 새롭고 기쁘다.

과거의 복잡한 사건들도 새롭게 보인다. 아팠던 관계들은 떠오르지도 않는다. 일만 달란트 탕감받은 은혜를 경험하니 내가 입은 크고 작은 내상의 얼룩은 무엇이었는지도 모르게 세탁되었다. 하늘 소망의 관점과 은혜는 이런 변화를 일으킨다.

휴대폰 명의를 변경하다

어머니를 하늘로 보내드린 뒤

처음 휴대폰을 쓸 때가 경희의료원에서 어머니 간호하던 1998년 봄이었다. 걸면 걸린다고 광고한 폰이 내 첫 휴대폰이다. 로버트 할리가 광고 모델이었고 현대전자라는 회사의 PCS폰으로 기억한다. 대학원 휴학 당시 가장 싼 걸 찾다가 019 국번의 그 PCS폰을 선택했다.

어머니의 장애1급 판정 후에도 몇 년간 그 019폰을 쓰다가 집에서 병간호하던 시기의 어느 날 장애인 통신비 할인 정보를 듣고 뒤늦게 휴대폰과 인터넷 명의를 어머니로 바꾸었다. 복지할인 혜택은 생각보다 쏠쏠한 편이었다. 매월 인터넷과 전화비가 만 원 정도, 휴대폰 통신 요금은 2만 원 가까이 할인되었다.

불편한 점은 본인 휴대폰으로 실명 인증할 때다. 내 명의가 아니므로 공공아이핀으로 나를 증명하는 절차를 밟아야 했고, 금융 앱 중에는 휴대폰 인증으로만 가능한 앱이 많아져 짜증이 날 때도 있었다. 가끔 전화를 못 받아 음성 녹음된 파일이 있어도 개인정보법 때문에 나는 명의자 본인이 아니어서 열어볼 수 없었다. 통신사에 사정해도 불가능했다.

2017년 10월, 어머니가 돌아가신 뒤 장애인 자동차 공동명의는 바로 바꾸었어도 휴대폰은 그대로 두었다. 큰 불편이 없다면 한동안 유지하고 싶었다. 물론 복지할인 혜택은 자동 취소됐다. 존경하는 최규창 형은 아버지가 돌아가시고 휴대폰 번호를 그대로 저장해 두었다고 한다. 아버지 번호로 누군가 휴대폰을 개설하면 카톡에 낯선 프로필로 뜨는데 그때마다 아버지를 그리며 그대로 둔다고. 형은 아버지가 쓰시던 번호를 삭제할 수 없다고 했다.

그 심정을 알 것 같다.

그런데 어머니가 돌아가신 지 반년이 흐르니 통신사에서 명의 이전 안내 문자가 왔다. 7월에 직권 해지될 수 있고, 보이스피싱 등 금융 피해 방지를 위해서라도 가족 소유 폰은 실제 사용자로 바꾸어야 한다는 것이었다. 결국 시간을 내어 가까운 대리점에 가서 어머니 관련 서류를 제시하고 명의 변경을 했다. 내 폰에 담긴 어머니 간호 후 찍은 손 사진 외에는 이제 어머니의 자취는 사라졌다. 휴대폰의 명의가 바뀌었을 뿐인데 심장이 사라진 기분이다.

남겨 두고 싶은 어머니의 자취가 그렇게 하나하나 정리돼 가니 숨어 있던 상실감이 조금씩 커져만 갔다. 5월 12일 어버이주일에 목민교회 오후 예배 강사로 초청돼 말씀을 전하다가 마지막 부분에서 울컥했다. 최근 몇 년간 강연이나 간증을 하며 눈물을 흘린 적이 없었다. 소천하신 후 네 번째 강단이었는데 어머니가 하늘나라로 가신 뒤를 설명하다가 울음이 차올라 잠시 침묵하며 말을 잇지 못했다.

긴 세월의 여러 이야기는 가슴에 꼭 새겨져 있다. 문득 내 휴대폰이 낯설어졌다. 내 명의로 바뀐 것뿐이고 본인 확인이 편해졌어도 무언가 그리움이 더 차오른다. 날이 밝고 더워졌어도 마음에는 찬 바람이 분다.

어머니 간호가
세상을 바꾸는 특별한 생각이 되다
사회적기업가로 작가로 언론인으로

주치의로부터 어머니에게 남은 날이 얼마 되지 않는다는 통보를 받았을 때다. 20년을 욕창 없이 간호해 온 내 자부심은 땅 밑으로 사라졌고, 더는 내가 할 수 있는 방법이 없어 좌절과 절망이 가득했다. 번아웃 상태가 심각해져 간단한 서류 한 장 작성하기도 어려운 상태가 되어 고민 끝에 퇴사했다.

그러다 내 첫 직장 동료인 강태호 과장님이 사회적기업에 대한 정보를 공유하고 싶다며 연락해 왔다. 그는 퇴사 후 벤처 창업을 준비하다가 사회적기업을 공부하면서 어머니 같은 중환자를 장기 케어하는 가족들을 돕고 간병인과 요양보호사 등 돌봄 실무자들의 현실을 개선해 상호 매칭하는 사업 주제로 제안서를 만들어 보자고 했다.

나는 어머니의 의료를 소극적인 치료로 바꾸기로 병원 측과 의논한 뒤 깊은 우울감을 힘겹게 견디고 있었다. 강 과장님은 치매를 앓던 어머니를 10년 넘게 집에서 돌봐드리다가 장례를 치른 지 얼마 되지 않았다. 당시 나는 6월부터 어머니의 마지막 시간을 준비하면서 외주 편집 제안도 거절하고 긴장과 무기력감과 싸우고 있었기에 사업계획을 만드는 일에라도 집중해 보자는 마음으로 강 과장님과 만났다. 그러고는 하루 만에 뚝딱 제안서를 만들어 '2017 소셜벤처 아이디어 경연대회' 신청 마감 직전에 서류 접수를 했다.

제안서의 핵심은 내 가족을 돌보는 심정으로 사명감 있는 간병인과 요양보호사를 육성하고 환자 케어에 필요한 세밀한 테크닉을 교육한 뒤, 믿고 안심할 수 있는 장기요양 환경을 만들자는 것이다. 그래서 간병이 필요한 보호자에게 믿고 맡길 수 있는 높은 수준의 돌봄 인력을 매개하는 플랫폼을 만들어 돌봄 환경을 교육과 상담으로 개선하고자 했다. 고용노동부와 한국사회적기업진흥원에서 서류심사에 통과했다는 연락을 받았다. 이어서 대면 발표 자료를 만들어 보내라고 했다. 봄부터 준비해 온 200~300팀의 전국 참가자 중에 급하게 마감 직전에 밀어 넣은 지원서로 서울 지역 예선을 통과한 것이다. 뭔가 좋은 일이 생길 듯한 예감이 들었다. 이제 구체적인 사업계획 발표 자료를 만들어 5분 발표 준비를 해야 했다. 제안서처럼 밤새워 뚝딱 만들어 보냈다. 그리고 8월에 전문 심사위원들 앞에서 발표했다.

소셜미션인 "갑자기 중환자가 된 가족에게 잘 훈련된 간병인과 요양보호사를 매칭해 보호자가 안심하고 일상을 살 수 있도록 하겠다"는 어머니를 간호하며 겪은 고통에 대한 공감과 경험에서 시작됐다. 20대부터 모든 일상을 포기하고 간병에만 매달려 오며 어느 순간 가슴에 새겨진 이웃에 대한 관심과 사명을 40대 후반인 지금 실제로 구현해 보겠다는 계획을 담았다.

그러나 내 발표를 들은 심사위원 중 중앙에 계신 분만

"살아온 경험으로 사업하는 것만큼 강력한 무기는 없다"고 호평해 주었고, 다른 심사위원들은 비즈니스 모델이 약하다는 지적과 함께 공격적인 질문이 이어져 이 문턱을 넘지는 못하겠구나 싶었다. 아무리 적절한 대답을 생각해 봐도 지친 사람들을 돕겠다는 미션을 수행하면서 그 지친 사람들에게 돈을 받을 방법과 대안은 떠오르지 않았다. 그런데 지속가능성에 대한 질문에 제대로 답을 못했기에 탈락할 줄 알았던 대면 심사에서 통과했다는 연락이 왔다. 전국대회 본선 진출자가 되었고, 일반창업 분야에서 최종 본선 진출 18팀 안에 들었다. 유일하게 시니어케어의 아이템으로 통과한 것이다.

그해 9월, 현대그룹연수원에서 1박 2일간 진행된 멘토링 캠프에 참석해 글로벌팀과 일반창업팀 본선 진출자들과 모의 경연을 했다. 거기서 만난 멘토에게 간병, 간호 관련 기존 사회적기업에 대한 연구가 부족하다는 질타를 받았고, 사업성이 없으면 시작하지 말아야 한다는 쓴소리도 들었다. 소셜미션을 해결하면서 기업 활동을 한다는 선배들도 생존이 쉽지 않다는 조언을 반복해서 들려주었다.

소셜벤처 아이디어 경연대회 최종 발표를 준비하는 중에 어머니가 소천하셨다. "지금도 중환자인 어머니를 케어하고 있다"는 발표 멘트는 완료형으로 바뀌고 말았다. 간병인 매칭과 교육이라는 핵심 사업은 갑자기 재난 형태로 다가오는 중환자 가족의 어려움을 초기 카운슬링으로 안정시키고 정부 지원책, 치료법, 간호법, 장기요양서비스 등 실제적인 정보를 제공하고 돌봄 컨설팅을 잇는 내용의 제안서로 수정했다.

본선 대회 날, 5분 발표 7분 질의응답을 위해 간밤에 준비한 32장의 슬라이드의 원고를 외우고 예상 질문을 뽑아서 발표장인 서울여성센터로 달려갔다. 오전 내내 멘트를 점검하고 오후 두 번째 발표자로 심사위원들 앞에서 프레젠테이션을 마쳤다. 질문 시간에 받은 심사위원들의 질문은 무난한 편이었고, 한 분은 꼭 필요한 사업이라고 응원해 주어 힘이 나기도 했다.

수상을 통해 검증받게 되면 사회적기업가 육성과정에 지원해 소셜벤처 창업을 현실화해 갈 작정이었다. 갑자기 창업의 길로 인생의 스텝을 밟게 되면 무엇부터 시작해야 할지 복잡해졌다. 최종 아홉 팀에 못 들면 난 두 번째 책을 내고 그동안 해온 강연과 책 만드는 일에 집중하려 했다.

자, 결과는?

2017 소셜벤처 아이디어 경연대회에서 최우수상(고용노동부장관상)을 받았다. 상금 천만 원과 함께. 이런 큰 상을 받은 그날은 어머니가 하늘로 가신 지 한 달이 되는 날이었다. 하늘에서 어머니가 주신 특별한 선물이라는 생각이 들었다. "그동안 엄마 위해 애 많이 썼어. 수고했다, 아들!"

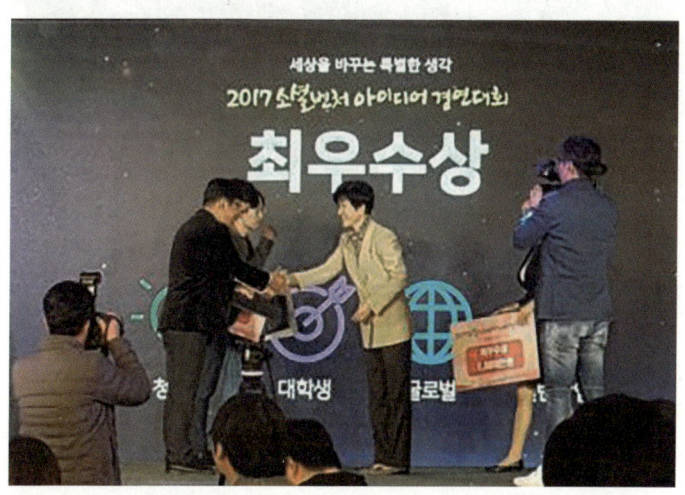

2017 소셜벤처 아이디어 경연대회 최우수상(고용노동부장관상) 수상

하시는 음성이 들리는 듯했다.

내 진로도 자연스럽게 사회적경제 영역으로 들어가 어머니처럼 아프신 분들을 돕는 일을 추진하는 창업의 길로 정했다. 2018년, 고려대학교 산학관에 사무실 공간을 잡고 치매와 뇌질환 환자를 돕는 일을 펼쳐갔다. 쉬지 못하는 치매 가족의 마음을 위로하기 위해 치유콘서트를 기획해서 종로라이나생명 시그마홀, 돈암동 박물관마을, 금천구청에서 치매 가족들을 모시고 공연, 강연, 전문의 선생님에게 질문하는 시간 등의 프로그램을 기획해 진행했다. 팟캐스트를

창업 동료 강태호 이사와 함께 치매에 걸린 할머니를 돌보고 이해하기 위해 상담받으러 온 대학원생을 상담했다.

만들어 치매와 돌봄을 위한 정보를 제공하는 방송 〈시름싫음〉도 기획하고 진행하기도 했다. 나처럼 아픈 가족을 장기간 돌보는 많은 분에게 고맙다는 인사를 받았다. 치매 진단을 받은 할머니를 잘 돌보려고 온 손녀를 상담한 적이 있다. 먼저 아픔을 경험한 이야기에 큰 위로를 받고 돌아가는 모습에 이 일을 시작한 보람을 느꼈다.

코로나 팬데믹 시기에는 어느덧 소셜벤처 선배 창업가가 되어 후배 창업가들을 교육하는 역할을 맡았다. 정신적으로 몹시 힘든 시기를 견디고 살아왔기에 후배 창업가들의 멘탈을 위로하고 격려하는 교육에 집중하면서 기쁨을 누렸다. 힘든 마음을 공감하는 데서 좋은 아이디어가 나오고 멘토링의 깊이가 완성되기 때문이다. 오랜 세월 어머니를 간호하면서 힘든 처지인 사람을 공감하고 이해하는 훈련이 자연스럽게 되었다. 2023년 말부터 디멘시아뉴스의 편집국장으로 일하면서 치매에 관한 정확한 정보, 치유와 돌봄 현실, 시니어의 삶과 행복에 관한 기사를 쓰고 있다. 딱 내게 맞는 일을 찾은 것이다.

마치는 글

어머니와의 20년 소풍 후 7년이 흘렀다

대학을 졸업하면서 어머니를 간호한 내 인생은 고통으로만 얼룩지거나 짙은 어둠에서 헤맨 세월만은 아니었다. 나는 어머니를 통해 살아갈 힘을 얻었고, 재능을 발휘하며 일할 수 있는 곳을 만났다. 사람은 자기 재능과 노력으로 살아가는 것이 가장 행복하다. 재능이 있어도 빛을 못 보는 사람이 얼마나 많은가.

내게 글을 쓰게 해주시고, 돌봄을 알려 주셨고, 사람을 사랑하고 공감하는 마음을 주신 엄마, 그립고 감사하다. 청춘으로 돌아가서 젊음을 누리고 싶다는 사람이 많지만, 나는 청년으로 돌아가고 싶지 않다. 삶의 여정은 즐거움보다 훨씬 많은 고통이 가득하다. 그 많은 고통을 감내하며 답 없이 걸어가야 한다.

다시 청춘으로 돌아가서 살고 싶은 마음보다 이 땅에서의 내 삶의 시간이 끝나고 만나게 될 어머니가 그립다. 나처럼 어려운 시간을 보내고 있는 사람들이 너무나 많다. 그분들을 위로하다가 어느 순간 하늘의 부름을 받는다면 기쁘게 받아들일 것이다. 내 삶의 소풍도 마치는 날이 갑자기 올 것이다. 살아온 시간을 감사하며 부끄럽지 않게 살아갈 일만 남았다. 우리 모자의 이야기가 작은 온기와 위안이 될 수 있기를 기원한다.

디멘시아문학상 수상 작품

그리운 기억, 남겨진 사랑: 첫 번째 이야기
양승복, 이아영, 천정은, 염성연,
이동소, 이태린 지음

제5회·제7회
수기 부문
수상작

서른넷 딸, 여든둘 아빠와
엉망진창 이별을 시작하다
김희연 지음

제7회
수기 부문
우수상
수상작

레테의 사람들
민혜 지음

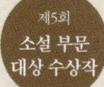
제5회
소설 부문
대상 수상작

소금꽃 질 즈음
장훈성 지음

제5회
소설 부문
최우수상
수상작

과거의 굴레
김영숙 지음

제5회
소설 부문
우수상
수상작

피안의 어머니
조열태 지음

2020
세종도서
선정

제3회
소설 부문
최우수상
수상작

섬
이정수 지음

제1회
소설 부문
최우수상
수상작

스페이스 멍키의 똥
박태인 지음

제1회
소설 부문
대상 수상작

디멘시아문학상은 치매에 대한 사회의 부정적 인식과 편견을 바로잡고, 치매 환자와 가족들의 이야기를 문학적으로 승화시키는 소중한 기회를 제공하고자 2017년 시작한 치매 관련 문학 공모전입니다.